象棋实战丛书

现代残局实战技法

傅宝胜　编著

时代出版传媒股份有限公司
安徽科学技术出版社

图书在版编目(CIP)数据

现代残局实战技法 / 傅宝胜编著. --合肥:安徽科学
技术出版社,2019.1(2023.4重印)
（象棋实战丛书）
ISBN 978-7-5337-7466-0

Ⅰ.①现…　Ⅱ.①傅…　Ⅲ.①中国象棋-残局(棋类
运动)　Ⅳ.①G891.2

中国版本图书馆 CIP 数据核字(2018)第 000326 号

现代残局实战技法　　　　　　　　　　　　　　　　傅宝胜　编著

出 版 人：丁凌云　　选题策划：倪颖生　　责任编辑：倪颖生　王爱菊
责任校对：沙　莹　　责任印制：梁东兵　　封面设计：吕宜昌
出版发行：安徽科学技术出版社　　　　http://www.ahstp.net
　　　　（合肥市政务文化新区翡翠路 1118 号出版传媒广场,邮编:230071)
　　　　电话：(0551)63533330
印　　制：唐山富达印务有限公司　　　　电话:(022)69381830
（如发现印装质量问题,影响阅读,请与印刷厂商联系调换）

开本：710×1010　1/16　　　印张：9　　　字数：162 千
版次：2023 年 4 月第 3 次印刷

ISBN 978-7-5337-7466-0　　　　　　　　　　定价：45.00 元

前　言

在象棋比赛中,对弈双方在进入短兵相接的决战阶段,欲赢得终局的最佳结果,若没有深厚的残局功底,则难能如愿。特级象棋大师们的残局功力非比寻常,临门一脚使对方致命,堪称出神入化、精妙绝伦,是广大象棋爱好者学习的典范。

本书从现代象棋重大赛事中汇集、整理出一些象棋大师残局阶段的精妙战法,并将其分类归纳、剖析解读。全书共精选105盘实战局例,并以此为主线,论述残局的重要性。同时,详细介绍了在引人注目的短兵相接的决战阶段,实战残局的七大特点和车类残局、马炮兵(卒)类残局的胜和规律和决胜技巧。

全书局例,皆为精华,实用价值颇高,通俗易懂,适合广大象棋爱好者使用。

由于笔者水平有限,书中错漏难免,请读者见谅并指正。

作　者

目　　录

第一章　实战残局的重要性

不少棋友认为:实战残局简单,江湖残局较难。其实也不尽然。在实战中应该胜却不能胜,反而成和,确实可惜。临枰时特级大师有时也难以捕捉胜机,何况我们? 据资料显示,近几年来各种大赛对局,下到残局才决出胜负的占 1/6,所以对实战残局也不可轻视。

第一节　生死之争的残局之战

进行残局最后较量时,应胜反和,实在可惜。若能把握一线胜机取胜,实在难能可贵。

第 1 局　应胜议和　殊为可惜

如图 1-1,是全国象棋个人赛新科状元赵鑫鑫对河北象棋大师苗利明决赛第 1 轮之战,双方大战至第 50 回合时的形势,结果议和。以下实战走法是:

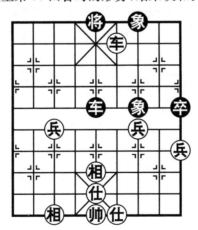

图 1-1

51.	仕五进六	象7退5	52.	仕四进五	车5平4
53.	仕五退六	车4平5	54.	车四平七	车5平6
55.	兵七进一	象5进3	56.	车七进一	将5进1

57. 车七平三　象3退5　　**58.** 车三退一　将5退1

59. 车三退二　车6平5　　**60.** 车三平四　将5进1

61. 车四进三　车5平8　　**62.** 车四平一　车8平5

这是一则不多见的且很有研究价值的实用残局。孙启忠发现当局面进至图1-1形势时,苗大师这手象9进7是败着,红方只要走兵三进一破象即可获胜!临场赵鑫鑫没能走出,结果成和,实在可惜。黑方要想和棋必须具备车、象、将三子皆占中路,方可形成连环互保。现在红车塞象眼只要帅移四路助攻,逼黑飞边象或者车离中路保象,红方便可一举获胜!试演如下:

51. 兵三进一　车5平7　　**52.** 仕五进六(图1-2)　……

至此,如图1-2形势,黑方有车7平8和车7平5两种应法,分述如下:

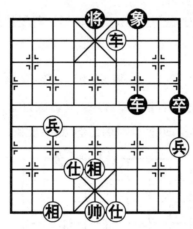

图1-2

A. 车7平8

52. ……　　　　车7平8　　**53.** 相七进九　……

等着。红方如直接走仕四进五,黑方车8进5要将,阻止红方出帅。

53. ……　　　　车8平5　　**54.** 仕四进五　车5平7

55. 帅五平四　象7进9

黑方如改走将5平4,车四平五,以后形成“白脸将”杀势,红方七路兵可轻松过河。

56. 车四退二　车7平5　　**57.** 车四进三　将5进1

58. 车四平一　车5平6　　**59.** 帅四平五　车6退2

60. 兵七进一　(红方胜定)

B. 车7平5

52.……　　　车7平5

53. 仕四进五　象7进9　　**54. 车四平二**　车5平7

黑方如改走将5平4或将5平6,红方均可走车二进一,再车二平一捉象
胜定。

55. 车二退二　象9退7　　**56. 车二平五**　将5平6

57. 仕五进四　车7平6　　**58. 相五进三**　象7进9

59. 兵七进一　（红方胜定）

第2局　形似和棋　却能巧胜

如图2-1形势,这是两位特级大师在比赛中出现的一则残局。双方走成了
炮低兵单仕双相对士象全的局面,走到此时双方议和,按棋理讲红方炮低兵单缺
仕是难胜黑方士象全的。但此形势下,王嘉良特级大师却指出红方有巧胜的
机会。

111. 炮五平二　……

红方极为关键的一着,如改走帅六进一,黑方则象7进9,炮五平二,士5进
6,炮二进三,士6进5,至此形成如图2-2的形势,红方不能取胜。

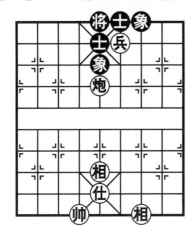

图2-1

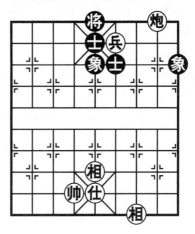

图2-2

111.……　　　象5进7　　**112. 炮二进三**　象7退5

113. 相五进七　象5进7　　**114. 相三进一**　象7退5

115. 相一进三　……

红方飞起两个高相,十分老练! 以后对炮的辗转腾挪会大有益处。

115. ……　　象5进7　**116.** 帅六进一　象7退5

117. 仕五进四　士5进4

此时黑方如改走象5进7,红方则帅六平五,象7退5,帅五进一,其变化与实战相同。

118. 帅六进一　士4退5

黑方如改走将5平4,红方则兵四平五,黑方定丢双士,必败无疑。

119. 帅六平五　士5进4　**120.** 兵四进一　将5进1

黑方如改走将5平4,红方则兵四平三,将4进1,兵三平四,黑方士象也难保全。

121. 兵四平三　将5平4　**122.** 兵三平四　士4退5

黑方不能走将4平5,因红方接走炮二退八,黑方还是不好处理。

123. 兵四平五　象5进3　**124.** 炮二退九　象3退1

125. 炮二平六　象1进3　**126.** 仕四退五　象3退1

127. 仕五进六　士5进4

红方拴住黑士后才完成取胜的第一步,以下如何运帅是取胜的关键。

128. 炮六进一　象1进3　**129.** 帅五退一　象3退5

130. 帅五退一　象5进3

黑方不能走将4平5提兵,因为黑方士象都很重要,如丢其一都必败无疑。

131. 兵五平四　象3退5　**132.** 帅五平六　象5进3

133. 炮六平七　……

红方平炮闪击,红方飞高相的妙处也在于此。

133. ……　　象3退5　**134.** 仕六退五(图2-3)　……

如图2-3形势,红方退仕后以帅拴住黑方将、士,把红炮解脱出来,完成取胜的第二步。

134. ……　　将4平5　**135.** 仕五进四　将5平6

136. 炮七平四　将6平5　**137.** 帅六进一　象5进3

138. 帅六进一　将5进1

黑方上将保士,无奈的选择。

139. 炮四退一　士4退5　**140.** 相三退一　象3退1

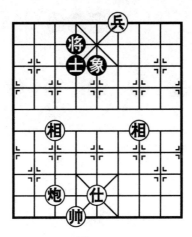

图 2-3

141. 兵四平五　士 5 进 6

黑方如改走士 5 进 4，炮四平六，士 4 退 5，仕四退五，黑士也难保住。

142. 相一进三　士 6 退 5　　　**143.** 炮四平五　士 5 进 4

144. 仕四退五　将 5 平 6　　　**145.** 帅六平五　将 6 退 1

146. 仕五进四　士 4 退 5　　　**147.** 炮五进八

得士后，红胜。

形似和棋，却能把握一线胜机取胜，真是难能可贵。这需要认真审局，找出双方矛盾的焦点，以细腻的手法和精湛的残局功夫才能实现。

请欣赏下面一则实战局例。

第 3 局　着法细腻　终成例胜

如图 3-1，是"启新高尔夫杯"全国象棋甲级联赛第 17 轮河北申鹏对大连卜凤波弈完 23 个回合时的残局形势，现轮红走棋。此时红方若有一兵渡河助战，则胜利有望，而红三、七路兵已无前途，能否取胜，请看实战：

24. 兵九进一　……

红方挺边兵细腻，也是极为关键的一着。九路兵无疑是双方矛盾的焦点。红方如随手走车三平一去卒，则黑卒 3 进 1，兵七进一，象 5 进 3，兵九进一，象 3 退 5，车一退二，马 3 进 4，以下红方无法阻止黑方马 4 退 2 提死红方边兵，双方和势。

24. ……　　　　士 6 进 5

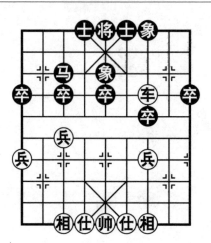

图 3-1

黑方补士缓手。有一种临枰难以判断的和法是黑方走卒 9 进 1 保留边卒，以下红方有两种攻法：①车三平一，卒 3 进 1，兵七进一，象 5 进 3，车一退一，象 3 退 5，车一退一，马 3 进 4，下伏马 4 退 2 捉死边兵，和棋；②车三平四，卒 9 进 1，车四退一，士 6 进 5，车四平八，卒 3 进 1，车八退一（正着。如误走车八进二捉马，则卒 3 进 1，车八平七，卒 3 平 2，捉死边兵亦是和局），卒 3 进 1，车八平七，马 3 进 4，车七进二，马 4 进 6，车七平九，卒 5 进 1，车九平七，马 6 进 4，车七退三，马 4 退 3，兵九进一，卒 9 平 8，车七进一，马 3 进 5，仕六进五，卒 8 进 1，兵九平八，马 5 进 7，黑方有 3 个卒定有双卒渡河，和棋不难。

25. 车三平一　马 3 退 1

黑方退马准备以 3、5 路双卒为代价，换取红方九路恶兵，认为红方七路通头兵不易渡过河，构思不错，但效果如何？且往下看。

26. 车一平五　马 1 进 2　27. 车五平七　马 2 进 1

28. 相三进一　……

红方飞边相乃良好的等着。红方如随手走车七平九，则马 1 进 2 捉死七路兵，和棋已定。

28. ……　　将 5 平 6

黑方如改走卒 1 进 1，相七进九，将 5 平 6，仕四进五，将 6 平 5，帅五平四，象 7 进 9，车七平八（可看出挺边卒的弊端），象 9 退 7，车八退一，马 1 进 3，车八平九，马 3 进 5，兵七进一，红兵过河，形成必胜局面。

29. 车七平四　将 6 平 5　30. 车四退一　……

红方退车骑河,选点准确。黑方已无法阻止红方七路兵过河。

30.…… 象 7 进 9　　**31. 车四平八** 象 9 退 7

32. 车八退一 卒 1 进 1　　**33. 相一退三** ……

又是一步良好的等着。红方如改走车八进一,马 1 进 3,车八平九,马 3 退 5,仕四进五,马 5 退 4,车九平六(如兵七进一,则马 4 退 2,捉双和定),马 4 退 2,帅五平四,象 7 进 9,红兵无法过河,亦为和棋。

33.…… 将 5 平 6

黑方如改走象 7 进 9,仕四进五,象 9 退 7,帅五平四,象 7 进 9,车八进一,马 1 进 3,车八平九,以下黑方不能走马 3 退 5,因红有车九平五捉双的棋,红七路兵过河已成必然。

34. 车八进一 马 1 进 3　　**35. 车八平四** ……

红车叫将脱离险地,为七路兵过河创造机会。

35.…… 将 6 平 5　　**36. 兵七进一** 马 3 退 5

37. 兵七进一 马 5 进 7　　**38. 车四平九** ……

至此形成红车高兵例胜黑单马士象全的残局定式,余着从略。

第二节　司空见惯的无车残棋

开局伊始,兑掉一车的战例并不少见,例如中炮过河车对屏风马平炮兑车布局,红方根据战略需要,就有兑车的选择。进入中局再兑一车,或中局兑掉双车的实战亦屡见不鲜,以后再兑掉一个马或炮,就很自然地步入无车残棋。

大斗无车残棋功夫,往往被残棋功底深厚的棋手所青睐。

第 4 局　兑炮疏漏　败所难免

如图 4-1 是"伊泰杯"全国象棋个人赛决赛弈于呼和浩特的快棋赛中,吕钦对赵鑫鑫弈至第 39 回合时的局面,已步入残局阶段。此时黑方多卒,红方多相,各有利弊。在进一步较量残棋功夫的过程中,赵鑫鑫赢得胜利,同时也获得"象棋特级大师"称号。现轮黑方走棋:

39.…… 马 2 进 3　　**40. 帅五平四** 卒 5 平 6

41. 马二进四 象 5 退 7　　**42. 炮一平二** 炮 8 平 7

43. 炮二平三 卒 6 进 1

红方反复平炮阻止黑炮后退形成槽马肋炮的攻势,耐心、细腻;黑方进卒急

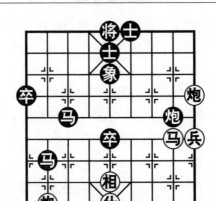

图 4-1

躁,可改走士 5 进 4 再士 6 进 5 调整阵形,再伺机进卒为宜。

44. 炮三平四　卒 6 平 5　　**45.** 马四退五　……

黑方由于失误,被红方白白吃掉过河卒,使红方局势大有转机。

45. ……　后马进 5　　**46.** 炮四退五　马 3 退 4

47. 炮四平三　象 7 进 5　　**48.** 仕五进六　……

红方可走马五进三,黑如接走炮 7 平 6,则帅四平五,要好于实战。

48. ……　炮 7 平 5　　**49.** 马五进三　炮 5 平 6

50. 马三进二　炮 6 进 1　　**51.** 马二进三　炮 6 退 4

52. 马三退一　马 4 退 6　　**53.** 炮八平四　……

红方兑炮,速败之招! 快棋赛中的疏忽或错漏在所难免。红方应改走帅四平五,马 5 进 4,炮八平六,红方尚可一战。

53. ……　马 6 进 5　　**54.** 帅四平五　前马进 7

55. 帅五进一　马 5 进 7　　**56.** 炮四进五　前马退 6

57. 帅五平六　马 6 退 5

红方少子,停钟认负。

第 5 局　红炮轻退　堪称亮点

双方以直横车对屏风马两头蛇开局,这是第 6 届"嘉周杯"象棋特级大师冠军赛黑龙江赵国荣对重庆洪智之战,弈至第 35 回合时,如图 5-1,形成马炮单缺相对马炮双士、均是三个对头兵的残局,轮黑方走,由于黑马位置欠佳,红方马

炮在底线有强烈攻势,给黑方护卒带来困难。且看红方取胜的精湛残局技巧:

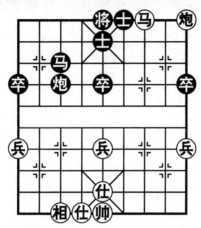

图 5 - 1

35. ……	士 5 退 4	**36.** 马三退四	将 5 进 1
37. 炮一退二!	马 3 退 1	**38.** 马四退三	马 1 进 3
39. 兵五进一	卒 9 进 1		

红进中兵极为老练,便于今后谋取中卒;黑进边卒毫无意义,反遭红马杀戮,亏损太大,不如改走炮 2 平 3 苦撑较好。

40. 马三进二	马 3 退 1	**41.** 马二退一	马 1 进 2
42. 马一进二	马 2 进 3	**43.** 相七进五	炮 3 平 2
44. 炮一退一!	……		

红炮轻退一招,针对黑方不能交换的弱点,抢得控制卒林线,为今后消灭中卒埋下伏笔,堪称亮点。

| **44.** …… | 炮 2 进 6 | **45.** 相五退七 | 马 3 进 1 |
| **46.** 马二退四 | 将 5 平 4 | **47.** 炮一平五 | …… |

红炮顺利吃去中卒,双方大局已定。

47. ……	马 1 退 3	**48.** 炮五平七	卒 1 进 1
49. 炮七退一	士 4 进 5	**50.** 炮七平六	马 3 进 2
51. 兵五进一	马 2 进 3	**52.** 仕五进四	马 3 退 4
53. 帅五进一	炮 2 退 9	**54.** 兵五进一	炮 2 平 5
55. 帅五平六	(红胜)		

第6局　兵贵神速　鬼坐龙廷

双方以中炮七路马对反宫马开局,弈完60回合,如图6-1,这是"七斗星杯"全国象棋甲级联赛广东宗永生对河北阎文清的实战。此时红方仅多一仕,稍占优势,但自身单缺仕也有后顾之忧,取胜有难度。因此,兵贵神速就成为当前的战术重点。现轮红方走棋:

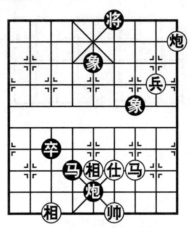

图6-1

61. 马三进四	炮5平2	62. 炮一退四	炮2退7
63. 马四进六	马4退5	64. 炮一平四	将6平5
65. 炮四进四	卒3平4	66. 仕四退五	象5进3
67. 兵二平三	象7退5		

黑方退象消极,应改走炮2平5架中炮进攻,既消除红炮四平六打卒,又缩小红炮活动范围。

68. 炮四平六	炮2进3	69. 马六进七	炮2进5
70. 相七进九	卒4平5	71. 炮六退三	……

红方退炮抢占黑方河口制高点,准备镇中暗保上相,形成左、中、右三面夹击之势,黑方后防空虚,局势已很被动。

71. ……	卒5平6	72. 兵三进一	炮2退6
73. 炮六平五	象5退7	74. 兵三平四	炮2平6
75. 帅四平五	炮6平4	76. 兵四平五	将5平6
77. 兵五进一	……		

小鬼坐龙廷,黑势岌岌可危。

77. ……	马 5 退 7	**78.** 炮五平四	马 7 退 9
79. 马七退五	象 7 进 5	**80.** 炮四平二	炮 4 退 1
81. 炮二退四	卒 6 平 5	**82.** 炮二平四	马 9 退 7
83. 马五退四	卒 5 平 6	**84.** 马四进六	卒 6 平 7
85. 马六进四	卒 7 平 6	**86.** 马四进六	卒 6 平 7
87. 仕五进四	卒 7 平 6	**88.** 兵五平六	

至此黑方投子认负。

第 7 局　弃兵谋象　招法明快

如图 7-1,是第 6 届"嘉周杯"象棋特级大师冠军赛徐天红对陶汉明交手至第 30 回合时的盘面,轮红走棋。此时黑方缺象,双方其他子力相等,欲求和谈何容易。请欣赏红方马、炮、兵三军连攻取胜的残局功底:

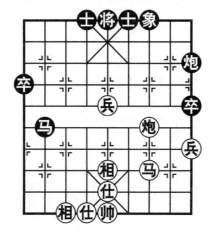

图 7-1

31. 马三进四	马 2 退 3	**32.** 马四进三	炮 9 进 4
33. 炮三进五	士 6 进 5		

以上红方上马弃边兵而谋象,招法简洁明快。

34. 炮三平二	卒 9 进 1	**35.** 炮二退三	马 3 进 2
36. 马三退四	炮 9 平 5	**37.** 帅五平四	将 5 平 6
38. 炮二平四	卒 1 进 1	**39.** 相五进七	马 2 退 3

红方飞相绊马腿,佳着。伏马六进四提双。

40. 马四进六　炮5平8　　**41.** 兵五进一　马3进5

42. 炮四退一　炮8退5　　**43.** 马六进五　马5进6

44. 马五退三　炮8平7

黑方平炮随手,造成丢子速败。黑方应改走炮8进2,尚可纠缠,红方欲胜,还须费周折。

45. 兵五平四　将6平5

以下黑见红有马三进一捉死炮,故投子认负。

第三节　练就深厚的残棋功夫

象棋实战残局对于全局来讲,好像田径场上的终点冲刺、足球赛场上的临门一脚,是对弈双方短兵相接的决战阶段,是生死之争。它依靠的是深厚的残局功夫,而全国象棋高手的残局技巧和功底,更是炉火纯青、一招制胜,是广大象棋爱好者学习的典范。

第8局　挥炮取象　胜负逆转

如图8-1,是第9届象棋世界锦标赛第3轮吕钦对李锦欢以中炮对后补列炮开局战完90回合时的残局形势,轮红方走子。此时双方对攻已到白热化程度,红方挟先行之利,眼看能够快速入杀,岂料红方突然走:

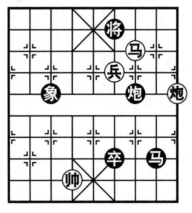

图8-1

91. 炮一平七?　……

红方挥炮取象,极具诱惑力,因是先手,下伏炮七平四的恶着。然而正是这步随手,致使胜负逆转,前功尽弃,令人追悔莫及。

此时红方应走炮一进二催杀才是正解,以下黑只有炮7平4解杀,则红兵四进一,将6平5,兵四平五(双将),将5退1(如将5平4,则马三进四,杀,红方速胜),兵五进一,将5平4,炮一进二,象3退5,马三进一,绝杀,红胜。

红方一着随手,导致吕钦在参加过的五届世界象棋锦标赛上首次输棋,这真是:贪象随手铸大错,功底深厚更具赢。

91.……　　　炮7平5　92.炮七进四　马8退7

红方入局速度减慢;黑方退马组织攻势,红方危在旦夕!

93.马三退五　将6退1　94.兵四进一　马7进5

95.帅六退一　马5进6　96.帅六进一　……

红方如改走帅六平五,则卒6平5,帅五平四,卒5进1,黑方胜定。

96.……　　　卒6平5　97.炮七退五　炮5进1

98.马五退七　炮5平7

黑方步步要杀,至此,红方认负。

第9局　捉马精警　擒"假三象"

如图9-1,是BGN世界象棋挑战赛决赛第1局许银川对陶汉明以中炮过河车正马对屏风马两头蛇布阵战完47回合时的残局形势。由于黑方第44回合马踏中兵的失算,造成失子,此时黑方只需以马兑去红方一路边兵即成和势,但红借先行之利凭着老到的残局功夫神奇般地获胜,令人赞叹!

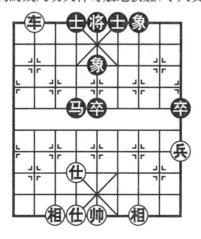

图9-1

48. 车八退四 ‥‥‥

红方退车捉马紧凑！一般有这样的思维:红方走车八退六,再平车右翼曲线吃去黑方边卒。但如此却给黑方带来求和生机,以下黑可走卒 5 进 1,车八进二,马 4 进 5,车八平二(如车八平一去卒,则马 5 退 7,红兵必丢,和定),马 5 进 7,车二退三,马 7 退 6,红车被锁无法吃去黑方边卒,和棋已定。

48. ‥‥‥　　　**马 4 进 5**　　　**49. 车八平五**　　**马 5 退 7**

50. 车五平三　　**马 7 进 6**

黑如改走马 7 进 9,则车三进四破象,下一手红可车三退二捉死象,形成单车必胜马双士的残局。

51. 帅五进一　　**士 6 进 5**　　　**52. 车三退三!**　　**马 6 退 5**

红方退车捉马正着。红方如误走车三平一吃卒,则马 6 进 8,兵一进一,马 8 退 7,红兵被捉死,和定。

53. 车三平二　　**马 5 进 7**　　　**54. 车二进一**　　**马 7 退 6**

55. 相七进五　　**马 6 退 7**　　　**56. 相五进三**　　**马 7 进 6**

57. 帅五退一　　**马 6 退 7**

黑方退马,正着。黑方如误走士 5 退 6,则车二进二,马 6 进 7,车二平一,马 7 进 8,兵一进一,马 8 退 7,车一进四,士 4 进 5(如马 7 退 9,则车一平三,破象后亦会形成单车例胜马双士的残局),兵一进一,红兵渡河后,形成例胜。

58. 相三进一　　**马 7 进 6**　　　**59. 车二进二**　　**马 6 进 7**

60. 车二退二　　**马 7 退 5**　　　**61. 帅五进一**　　**马 5 退 6**

62. 相三退五　　**士 5 进 4**

黑方上士节外生枝,仍应走马 6 进 5,车二进二,马 5 进 7,车二退二,马 7 退 5,相五进三,马 5 退 6,还原成前式,较有和棋的机会。

63. 车二进一　　**士 4 进 5**　　　**64. 帅五退一**　　**将 5 平 4**

65. 相五退三　　**将 4 平 5**　　　**66. 仕六进五**　　**将 5 平 4**

67. 仕五进四　　**将 4 平 5**　　　**68. 仕六退五**　　**将 5 平 4**

69. 仕五退四　　**将 4 平 5**　　　**70. 帅五平六**　　**将 5 平 4**

红方出帅牵住黑士,灵活细腻之着。黑方如不出将而走士 5 退 4,红则车二进二,马 6 进 5,车二平一,马 5 进 7,车一退一,马 7 进 8,车一平六平车捉士闪击,马 8 退 9,车六进二,士 4 进 5,车六平八,象 5 退 3,车八平二,马 9 进 7,车二平三,黑方马、象必丢其一,败定。

71. 车二平八　　马6进8

黑如改走将4平5,则车八进五,士5退4,车八退四,马6退8,车八平二,红车得卒,胜定。

72. 车八进五　　将4进1　　　**73.** 车八退一　　将4退1

74. 车八平五　　马8进9

黑方以士换兵,以后4路士也无法保住,且子力分散,难以守和。

75. 车五平八　　马9退8　　　**76.** 车八进一　　将4进1

77. 车八退四　　马8退7　　　**78.** 车八进二　　将4平5

79. 车八平六　　……

至此,形成红方单车对黑方马双象的残局,由于黑马不能调到中象的位置,构成马三象的正和局面,红方胜局已定。如图9-2形势,即是马双象和单车的定式,俗称"马三象",值得提及的是黑方若是双低象,则为"假三象",是输棋。

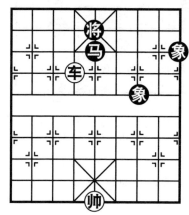

图 9 - 2

79. ……　　　　　马7进5　　　**80.** 车六退二　　卒9进1

81. 车六平五　　马5进7　　　**82.** 相一进三　　马7退6

83. 车五平四　　马6进8　　　**84.** 车四平二　　马8退6

85. 帅六平五　　卒9平8　　　**86.** 相三退一　　卒8进1

87. 车二退二　　马6进5　　　**88.** 车二平五　　马5退6

89. 相一进三　　马6进8　　　**90.** 相三进一　　马8退6

91. 车五进三　　马6进7　　　**92.** 车五退一　　马7退6

93. 车五平四　　马6进8　　　**94.** 车四进一　　马8进9

95. 车四平八　　将5平4　　　**96.** 车八平六　　将4平5

97. 车六进三

至此黑方投子认负。黑如续走象 7 进 9，则车六平一，红方得象胜定。

第 10 局　优势微弱　功夫老到

如图 10-1，是"伊泰杯"全国象棋个人赛第 5 轮吕钦与张强以仙人指路对卒底炮开局战完 38 回合时的残局形势，此时红方在局面只较黑方多一相的微弱优势下，以其深厚的残棋功夫战胜对手，令人叹为观止！红先：

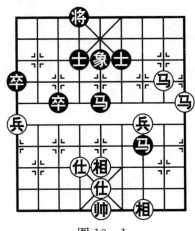

图 10-1

39. 马二退四　马 7 退 5　　　**40.** 马一进三　后马退 3

41. 马四退六　马 3 退 2　　　**42.** 马三进五　……

红方此时吃象，在盘活双马的同时，又逼退黑马，与第 40 回合就吃象，效果大不一样，运子取势的技巧，跃然枰上。

42. ……　　　将 4 平 5　　**43.** 帅五平四　将 5 进 1

44. 马五退四　……

红方赚象后，三路兵将畅通无阻，若再攻下 1 路边卒，则胜局定矣！此手可走马五退六，再马六进七吊住 1 路边卒，感觉入局较快。

44. ……　　　将 5 退 1　　**45.** 马六退八　士 4 退 5

46. 马四退六　马 2 进 4

黑马调到士角好位，红方九路兵难保。

47. 马六进五　将 5 平 6　　**48.** 兵三进一　……

红方三路兵乘机渡河，黑方防守难度增大。

48. ……　　　将 6 平 5　　**49.** 相三进一　将 5 平 6

50. 相一进三　　将6平5　　**51.** 兵三平四　　将5平6

52. 马五进七　　卒3进1　　**53.** 相五进七　　马5退3

54. 马七退八　　马3退2　　**55.** 仕五退六　　将6平5

56. 帅四平五　　将5平6　　**57.** 相三退五　　……

红方如改走前马进七,马4进3,马八进七,马2进3,马七退八,马3退2,下步卒1进1兑卒,和棋。

57. ……　　　　将6平5　　**58.** 相五退七　　将5平6

59. 帅五进一　　将6平5　　**60.** 后马进六　　……

红方进马放弃九路兵,再寻战机。

60. ……　　　　卒1进1　　**61.** 兵九进一　　马2进1

62. 马八进六　　将5平4　　**63.** 相七退九　　马4退3

64. 前马退八　　马3进4　　**65.** 马八进七　　将4平5

66. 马六退四　　马1退3　　**67.** 帅五退一　　将5平6

68. 相九进七　　马4进3　　**69.** 兵四平五　　前马进5

黑方如改走后马进5换兵,马四进五,以后红可破士取胜。

70. 仕六进五　　士5进4　　**71.** 兵五平六　　士6退5

72. 马四进二　　马3退5　　**73.** 兵六平五　　后马退7

74. 马七进九　　马5退7　　**75.** 马九退八　　后马进8

76. 马二进三　　马8退7

黑方顽强应法应改走将6平5,把老将转移到4路线,防止红马吊住老将。

77. 马八进七　　前马进8　　**78.** 马三进二　　……

红方用卧槽马控制黑将,用右马外肋攻击,残局功夫老到。

78. ……　　　　马8退7　　**79.** 相七退五　　……

红方落相等着。红方如马七退五急于得子,则黑前马退6,兵五平四,将6平5,红方前功尽弃。

79. ……　　　　士5进6(图10－2)

如图10－2形势,黑方此手如改走将6进1,红则相五进三,将6退1,仕五退六,将6进1,兵五平四,前马退8(如前马进9,则马七退五,士5进6,兵四进一,黑方难应),马七退五,士5进6,马五退六,士6退5,相三退一,士5退4,马六退四!士4进5,马四退二,将6退1,兵四平三,将6平5,兵三进一,红方得马胜定。

80. 帅五平四　　士4退5　　**81.** 相五进三　　前马退8

黑方如改走将6进1,马七退六,士5进4,马二退三,将6退1,马六进四,士

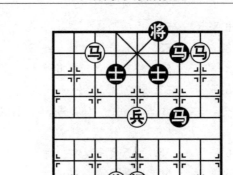

图 10－2

4退5,兵五平四,士5进6,兵四平三,形成马兵仕相全对马单士,红方亦胜定。

82. 兵五进一　将6进1　**83.** 马七退六　马8进7

84. 兵五进一　后马进6　**85.** 相七进五　马7退8

86. 仕五退六　马8进7　**87.** 马六退四　马7退8

88. 相五退三　马8进7　**89.** 相三进一　……

红方调整相位,为中帅助攻做准备。

89. ……　　　马7退8　**90.** 帅四进一　马8进7

91. 马四退六　马6退8　**92.** 马六退四　马7退9

93. 马四进五　马9进8　**94.** 帅四退一　……

红方精彩的等着!

94. ……　　　前马进7　**95.** 帅四平五　马7退6

96. 兵五平四!(红胜)

第二章　实战残局的七大特点

我们在前言里谈到，对弈双方进入短兵相接的决战阶段，要赢得最后的胜利，没有深厚的残局功底，难能如愿。本书遴选出的象棋大师们残局阶段的高超战法，多出神入化、精妙绝伦，是取胜的重要保证。具体表现在：①杀法的技巧性；②战术的连贯性；③棋形的重要性；④运子的严谨性；⑤着法的精练性；⑥攻杀的犀利性；⑦典例的实用性等方面。这些表现构成了实战残局的七大特点。下面我们以实战为例，逐个加以论证。

第一节　杀法的技巧性

残局阶段的杀王技巧，并不是跟着棋的感觉走，更重要的则是通过对残局着法的深入计算，弈出精妙的一手，突出强调技巧性，以求一招制胜，否则将会功亏一篑。现举例说明如下：

第 11 局　扬仕有方　花心采蜜

这是两位特级大师的残局片段。如图 11-1，是第二届亚洲象棋棋王赛上双方战至残局的形势。现轮红方走子：

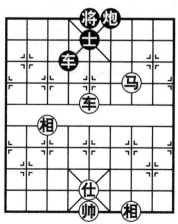

图 11-1

1.仕五进六！　……

红方扬仕六路,露帅助攻,乃至以下一气呵成锁定胜局。红方若改走仕五进四,同样是扬仕露帅,则不能胜(在下面介绍),凸显仕五进六的技巧性,靠的是棋感和算路。

1. ……　　　　　车 4 退 1　　**2.** 马三进二　车 4 平 2

黑方躲车防抽,无奈。黑方若改走将 5 平 4,则红马二进四,士 5 退 6,车五进四闷杀,红方速胜。

3. 马二退四　　炮 6 进 1　　**4.** 车五平九　车 2 退 1

黑方退车防守,只能如此。黑方如改走将 5 平 4,则车九进四杀;黑方又如改走将 5 平 6,则车九进四成闷杀,红方皆胜。

5. 车九进三!　　将 5 平 6　　**6.** 车九平五

红方胜定。

倘若本局红方首着走仕五进四,如图 11 - 2,是能如法炮制胜局还是功败垂成? 让我们拭目以待:

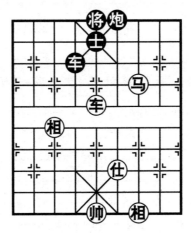

图 11 - 2

1. 仕五进四　　车 4 退 1　　**2.** 马三进二　将 5 平 4!

3. 马二进四　　　……

红方如法炮制,结果则大相径庭。红方若改走马二进四去炮,则黑车 4 进 8,帅五进一,士 5 退 6,车五进四,将 4 进 1,车五平四,和棋;红方又如改走车五平八,则炮 6 平 5,相七退五,车 4 进 2 困牢红马,红方更无法获胜。

3. ……　　　　　车 4 进 8　　**4.** 帅五进一　炮 6 平 5

5. 马四进五　　将 4 平 5

和棋。

综上所述,红方首着仕五进六的杀法技巧是不言而喻的。

第12局　弃出巧着　一步登天

如图12-1,是笔者参加六安地区第四届全运会象棋比赛中执红的一个残局镜头,形成车、马、仕对车、双士的例胜残局。当时裁判读秒声声,笔者未能弈出最佳着法。倘若下出巧着,一招速胜。

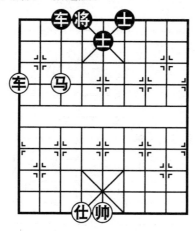

图 12-1

着法:红先胜

1. 马七进八　　　车3进1　　2. 车九进二!　……

红方进车保马,妙极!临枰漏过,殊为可惜。看似自投罗网,实则是困子战术的巧手,也是迅速制胜的绝招!

2.……　　　　　士5进4

黑方车、将被困,扬士无奈。因黑若上将,红则退马叫将成杀;黑又若进将,红有"白脸将"杀势。

3. 车九进一　　将4进1　　4. 车九平四　士4退5

5. 车四退一　　将4退1　　6. 车四平五

黑车被歼,红胜。

此例现身说法,杀法的技巧性由此可见一斑。

第二节　战术的连贯性

本节战术的连贯性专指战术攻击,战术防守除外。列举的实战战例,也是单个战术的连贯组合所形成酣畅淋漓地攻杀制胜的例子。

战术的连贯性决定于对局面的认真分析,只有发现单个战术攻杀的可能性,再通过精准计算,把它们串联成珠,方可实施连贯性攻杀,切忌盲目。

第13局　老兵建功　打击连贯

如图13-1,是全国象棋棋王挑战赛上两位特级大师的残局片段。红方在老兵立功的基础上,通过"解杀还杀""抽将""将军脱袍"等战术组合,对黑方实施连续打击,一气呵成取得胜利。

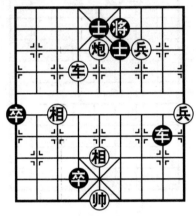

图13-1

着法:红先胜

1. 兵三进一　　　将6退1　　**2.** 兵三进一!　　……

红方老兵照将,妙! 是施展连贯性战术打击的基础。

2. ……　　　　将6进1　　**3.** 车六平三!　　……

红方解杀还杀,妙手!

3. ……　　　　车8退5　　**4.** 炮五平八!　　……

红方侧翼攻杀,施展"抽将"战术。

4. ……　　　　士5进4　　**5.** 炮八进一!　　车8进8

6. 相五退三

红方解将露帅,将军脱袍! 下步车三进二成绝杀,红胜。

第14局　弃相佯攻　冷着谋子

如图14-1,是全国象棋比赛上的一个残局形势。黑方多卒又有攻势,且中卒正捉红方上相,红方苦思良策,设下圈套,通过弃相佯攻、诱着、冷着、吸引等战术组合,连续打击,顺利达到谋子、转劣为优的局面。

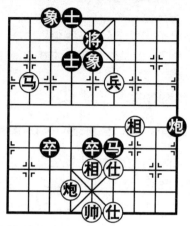

图 14-1

着法:红先优

1. 兵四进一 ……

红方弃相进兵,做出佯攻姿态,设下香饵诱对方上钩。

1.…… 卒 5 进 1

黑方吃相中套!上当受骗。黑方应改走炮 9 进 4,仕四进五,再卒 5 进 1 吃相,还是黑方优势。

2. 兵四进一! ……

红方冷着!出人意料,令黑方措手不及,是上一手弃相战术的连贯。

2.…… 将 5 平 6

黑方只能吃兵露将,乃红方前着吸引战术之使然。黑方如改走将 5 退 1,则马八进六,红胜。

3. 炮六平四 ……

红方打死黑马,谋得一子,可见战术连贯性之妙。

3.…… 炮 9 退 5   **4. 炮四进二** 炮 9 平 6

5. 炮四平一 卒 5 平 6   **6. 马八进六**

至此,红方多子占优。

第三节 棋形的重要性

棋形是由双方子力互相制约的关系而形成的。"形"可以作为构思行子的依据。

残棋中的棋形,一般来说是指以双方残存的子力所形成的、对胜负具有决定性作用的局面。

象棋理论家贾题韬先生在其所著《象棋残局新论》里指出:"如果学习残局是学习象棋的基础,那么学习'形'就是学习残局的基础,是基础的基础。"可见棋形在残局中有着举足轻重的作用。

让我们先从一个基本棋形谈起。

第15局 效仿杀形 轻松搞定

如图15-1,是我少年班学员在教学比赛中下出的残局片段。红方获胜后说:很早以前学过的单马巧胜双士的残局(如图15-2)派上了用场,接着还背出了获胜口诀:进马要步杀,回马将一军,动帅等一着,跳马捉士赢。列着法如下:

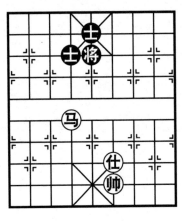

图15-1   图15-2

1. 马九进八   士5退6   **2.** 马八退七   将5退1

3. 帅四进一   将5退1   **4.** 马七进八

红胜。以下黑如接走士4退5,红则帅四平五,黑困毙,红胜;黑又如士6进5,则帅四进一等一着,黑必丢士,红方胜定。

学员以图15-2杀形给出的启示,马上为图15-1展开一个棋形转换,自然会为获胜的目标做出努力,改走:

1. 仕四退五!   士5退6

黑如改走士5进6,则马六进七,将5退1,马七退五必破黑一士胜定;但黑这手士5退6是败招,应改走士5退4,可弈和,请读者自研。

2. 马六进七   将5退1   **3.** 帅四进一!   ……

红有了图 15-2 的杀形概念,自然不会走出帅四退一的劣着,否则功败垂成。

3.…… 　　　将 5 退 1　　　**4. 马七进八** 　士 6 进 5

5. 仕五退六!

至此,黑必丢士,红方胜定。

第16局　贪吃红相　断送胜局

如图 16-1,是全国象棋甲级联赛第 12 轮广东主帅与湖北主帅对垒至第 85 回合的残局形势。现轮黑方行棋,续走:

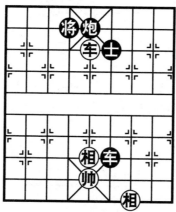

图 16-1

85.…… 　　　车 6 平 7　　　**86. 帅五平四** 　炮 5 进 6

87. 帅四平五 　炮 5 平 1　　　**88. 车五平四**

至此,黑车无法占据中路,和定。

残局创作家孙立先生认为:要想知道本局的必胜着,还要分析图 16-2 杀形给我们的启示。如图 16-2,黑方构成"射门"之"杀形",列着法如下:

1.…… 　　　车 6 平 7　　　**2. 帅五平四** 　炮 5 平 6

3. 帅四平五 　炮 6 平 9　　　**4. 车五平四** 　……

红方如改走帅五平四,炮 9 进 8,帅四进一,士 6 退 5,红相必失,黑方胜定。

4.…… 　　　炮 9 进 8　　　**5. 相三进一** 　车 7 平 5

6. 帅五平四 　将 4 平 5　　　**7. 相一进三** 　车 5 进 2

8. 帅四进一 　炮 9 平 6　　　**9. 车四平八** 　车 5 退 4

10. 相三退五 　车 5 进 2

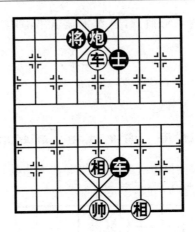

图 16－2

至此,黑车占中胜定。

如图 16－2 的杀形为图 16－1"棋形"的展开提供了一个"棋形"的转换轨迹。棋手有了图 16－2"杀形"的概念,自然会胸有成竹地为目标做出努力。如图16－1,可续走:

1. ……	车 6 进 2	2. 相三进一	车 6 平 9
3. 相一进三	车 9 退 3(图 16－3)		

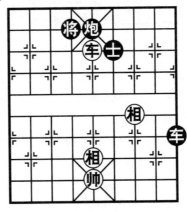

图 16－3

至此红有两种应法:

A. 帅五平四

4. 帅五平四	车 9 平 6	5. 帅四平五	车 6 退 1
6. 相三退一	车 6 平 9	7. 相一退三	车 9 平 7

8. 帅五平四　　车7平6　　**9.** 帅四平五　　车6进2

10. 帅五退一

至此构成图16－2胜形。

B. 帅五退一

4. 帅五退一　　车9平7　　**5.** 帅五平四　　车7平6

6. 帅四平五　　车6进1　　**7.** 帅五进一　　车6退2

至此,与A变第6回合类同。

从这个残局不难看出"棋形"是何等重要!"棋形"是教给我们如何实战的"指导者"。

第17局　子力相等　"形"定乾坤

如图17－1,是实战中时常出现的棋形。观枰,黑方组形成功。以象掩马,以马护卒,马随时可以窥槽,和左车配合左右夹击,成为协调一致的进攻整体,黑先展开进攻;反观红方,虽与黑方子力均等,但棋形不整,马无进路,是受攻目标,前景不容乐观。

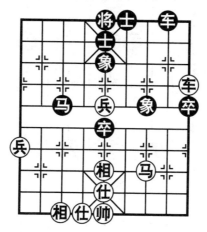

图 17－1

着法:黑先得势,占优。

1. ……　　　　　车8进7　　**2.** 马三退四　　……

红方如改走兵五平六,马3进2,车一平七,象5进3,红马丢定,黑方败势。

2. ……　　　　　马3进2　　**3.** 车一平七　　象5进3

4. 车七平六　　卒5平4　　**5.** 仕五进六　　马2进4

6. 帅五进一　　马4退2

至此,黑方得仕占势,大优,取胜仅是时间问题。

第四节　运子的严谨性

运子在布局阶段主要用于争先、占位,而在残局阶段则更显有用和重要。运子随手,该胜之局而不能胜,或被对手顶和,甚至遗憾败北;运子老到、严谨,或化险为夷,或微优之势能成胜局。我们在第一章练就深厚的残局功夫里的一例,就是最好佐证。此例是运子严谨的经典,现对运子的严谨性做深度解读。

第18局　丝丝入扣　胜则不易

如图18-1,是BGN世界象棋挑战赛决赛第1局两位特级大师战完47回合的残局形势。观枰:黑方只需以马换取红方一路边兵即成和棋。此时红方利用先行之优能否取胜呢? 请看,接图红走:

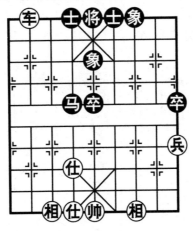

图 18-1

1. 车8退4! 　　……

红方的焦点在于既吃掉黑方9路卒,又严防黑以马兑兵。自然而然的思路是退车兵林线,再车移二路然后进二捉死边卒,锁定胜局。按此思路我们演绎其变化:车八退六,卒5进1,车八进二,马4进5,车八平二(如车八平一去卒,则马5退7,红兵必丢,和定),马5进7,车二退三,马7退6,红车被锁无法吃去黑方边卒,和定。可见这样的运子思路不够严谨,机会消失。

实战车八退四,着法紧凑,运子严谨! 是此局面获得一线胜机的好手!

1. ……	马4进5	**2.** 车八平五	马5退7
3. 车五平三	马7进6		

黑方十分想用马去兵,但红车三进五破象,马9退8,车三退四,马8退9,车三进二,马9退8,车三平五,士4进5。至此,黑方虽马藏士的背面形成最好的"山后马"防守形式,但毕竟是红方例胜的实用残局。

4. 帅五进一　　士6进5　　**5.** 车三退三!　……

细腻!红方如随手车三平一吃卒,则马6退7,红兵必丢,和棋已定。

5. ……　　　　马6退5　　**6.** 车三平二　马5进7

7. 车二进一　　马7退6　　**8.** 相七进五　……

红方并未上当,而是走车二进二捉双,以下马6进7,车二平一,马7进8,兵一进一,马8退7,黑方以马兑兵的计划完成,顺利谋和。

8. ……　　　　马6退7　　**9.** 相五进三　马7进6

10. 帅五退一　马6退7　　**11.** 相三进一　马7进6

12. 车二进二　马6进7　　**13.** 车二退二　马7退5

14. 帅五进一　马5退6　　**15.** 相三退五　士5进4

16. 车二进一　士4进5

在红方的死缠烂打下,黑方的这手撑羊角士,节外生枝,最后被红方击败。黑方仍应走士4退5,车二进二,马6进5,车二退一,马5进7,车二退二,马7退5,相五进三,马5退6,还原成前式,和棋机会较大。结果红胜。

综上所述,红方若随手行棋,该局则早早成和。实战中红方的细腻运子获得一线胜机,在围绕黑边卒的互缠中,由于黑方行棋的欠严谨(撑羊角士)为红方所败。本例向我们阐述了运子严谨性是残局阶段获得胜利的重要保证。

第五节　着法的精练性

残局阶段双方通过长时间的对弈,体力、精力大量消耗是毋庸置疑的,加之比赛中的时限规定等,众多因素制约,棋战的着法不宜松软或迂回。简明、精练的着法能取胜,是最为理想和完美的。举例如下:

第19局　弃马杀相　干脆利落

如图19－1,是第二届世界象棋锦标赛最后一轮中国澳门刘永德对中国赵国荣弈至第83回合的残局形势。现轮黑方走棋,双方已酣斗3个小时之久,此时黑方虽然胜券在握,但不宜恋战,免生变故,速战速决乃是极好的选择。实战着法是:

83. ……　　　　马8退7!

黑方弃马杀相,算度精准!着法老到、精练,杀法精彩、简明。比走卒5平6

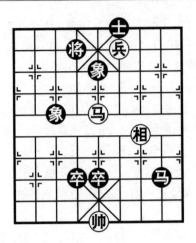

图 19-1

胜法高明且干净利索。演试如下:卒5平6,马五退七,马8退6(若随手走卒4进1,则马七退五! 卒4平3,帅五进一。至此红帅升起,马守中路要道,黑方争胜颇有难度,不排除红方谋和的可能)! 马七退五,卒4平5,兵四平三,卒6进1,马五退七,卒5进1,马七退五,卒6平5,帅五平四,马6退8,黑虽获胜,但较实战着法平淡,很不简明。

84. 马五退三　卒4进1　　**85.** 帅五平四　卒5进1

86. 马三退四　卒4进1　　**87.** 兵四平三　将4平5

88. 兵三平二　将5平6

黑方用老将助攻,拴住红马,再卒4平5杀! 黑胜。

综观此例不难看出,精练的着法,可以赢得既精彩,又简明。然而需要指出的是:着法的精练性必须建立在算度精准基础之上。

第六节　攻杀的犀利性

运子要咄咄逼人,杀法要灵活运用,是构成攻杀犀利的两大要素,这在残局阶段尤显重要。我们采撷两例加以说明。

第20局　弃车砍士　"洞杀"制胜

如图20-1,是女子象棋大师冯晓曦与女子象棋特级大师金海英在北京大战58个回合时的残局形势。由于时间紧张,红方走出了炮二退二的坏棋,最终败北,殊为遗憾。其实,此时的盘面红方已胜利在握,只需运用"进洞出洞"的杀法,顷刻致黑方于死地。列着法如下:

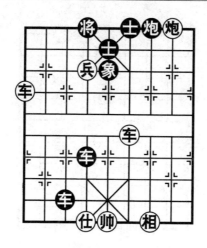

图 20-1

59. 车四进五！ ……

红方弃车杀士,战法犀利！是取胜的关键。

59. …… 士5退6 **60.** 车九平四！ ……

红方车平肋道要杀,是上一手弃车的继续。

60. …… 将4平5

黑方如改走车4退4,则红车四进三,将4进1,车四退一,"洞杀"红胜。

61. 车四进三 将5进1 **62.** 兵六平五 将5平4

63. 车四退一 (红胜)

结论:灵活运用"进洞出洞"的基本杀法,彰显攻杀的犀利性。

第21局 借炮使马 凌厉攻杀

如图 21-1,是全国象棋个人赛上的对弈镜头,虽貌似中局,实则红方先行仅用四着,就置黑方于"铁门栓"的绝杀之中。红方的凌厉攻杀,令人望而生畏。且看入局手段:

1. 后炮平八！ ……

红方平炮叫杀,着法凶悍！伏有飞马献炮的战术妙手,为一气呵成精彩杀局埋下伏笔。

1. …… 炮1平2

黑方拦炮只此一手。如改走马7进5,则炮八进七,士5退4,车六进八,将5进1,车六退一,"洞杀"速胜。

2. 马九进八！ 炮2平1 **3.** 马八进七 炮1平2

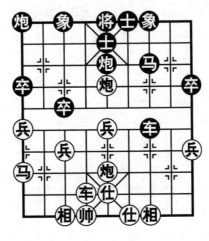

图 21-1

4. 马七进九！

红方献马窥槽呈绝杀,黑如象 3 进 1 去马,则车六进八"铁门栓"杀,红胜。

第七节 典例的实用性

这里的典例是指典型的残局棋例。众所周知,独马擒孤士、单马巧胜双士、马兵对士象全、单车保剑等都是残局典例,其胜与和都有一定规律,也称为实用残局。典例之所以实用,是因为在实战对局中常常遇到。如何应用典例于实战,是本节要讨论的话题,现举例说明如下:

第22局 错过和机 殊为可惜

如图 22-1,是全国象棋甲级联赛第 1 轮北京和广东两位大师对弈至第 60 回合的残局形势。构成黑方可以谋和局面。现轮黑方行棋续走:

60.……　　象 7 退 5?

黑方落象值得商榷,因为士象全守和马兵的方式是双象落在有兵的一方,见图 22-2。黑方宜走士 5 进 4,以后伺机调整双象和 6 路士向图 22-2 靠拢。(注:图22-2与实战谱方向相反。)

61. 马七退八　士 5 进 4　　**62.** 马八进九　将 5 平 4

63. 马九进八　将 4 进 1

黑方上将护士废棋,也是最后的败着,给红方可乘之机。假如红马吃士,再将 4 进 1,红马被拴链,立成和棋。黑方此时仍应改走象 5 进 7,调整士象,红方

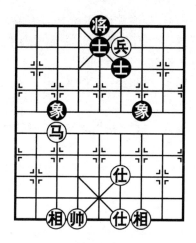

图 22 - 1

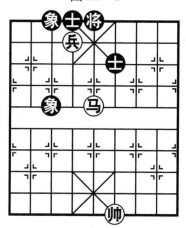

图 22 - 2

难以取胜,谋和有望。

64. 马八退七　士 6 退 5　　　**65.** 马七进五　士 5 退 6

66. 马五进四!　······

红方进马谋士,形成巧胜!

66. ······　　　士 6 进 5　　　**67.** 马四退二　象 5 进 7

68. 马二进一　象 7 退 9　　　**69.** 马一退三

至此,黑方必丢士,认负。以下黑如接走士 5 进 6,则马三进四叫将,再马四退二得士,红胜。

本局马兵对士象全从残局理论上讲是和棋,但在实战中由于时限等诸多因素,红方如应对有误,马兵则有巧胜之机,此局便是一例。

讨论本局,还是先看图 22-2,马兵对士象全的实用残局。着法(黑先和):

1.…… 　　将 5 平 6 　　**2. 马五进三** 　　**……**

红如改走马五进六,则象 3 退 5,马六进八,将 6 平 5,亦和。

2.…… 　　将 6 平 5

黑如误走象 3 退 1,则兵六进一破单士象,形成马底兵例胜单士象的实用残局。

3. 马三进二 　　士 6 退 5 　　**4. 马二退三** 　　士 5 进 6

5. 马三进一 　　将 5 平 6 　　**6. 马一退三** 　　将 6 平 5

7. 马三退五 　　将 5 平 6 　　**8. 马五进六** 　　象 3 进 1

9. 马六进八 　　将 6 平 5(和)

红如续走马八进六去士,则象 3 退 5 困马,和定。

有了图 22-2"和杀定式"的概念,棋手自然要为这个"和形"做出努力。如实战谱图 22-1,可续走:

60.…… 　　士 5 进 4 　　**61. 马七退八** 　　象 3 退 5

62. 马八进九 　　将 5 平 4 　　**63. 马九进八** 　　象 7 退 9

64. 马八退七 　　将 4 平 5 　　**65. 马七进五** 　　士 6 退 5

66. 马五进三 　　象 5 进 7 　　**67. 马三退五** 　　象 7 退 9

68. 马五退七 　　士 5 退 6 　　**69. 马七进五**

至此,构成图 22-2 的和形,只不过方向相反而已。以下黑接走将 5 平 4,即与我们讨论的着法相同。

通过两位大师的枰场争斗,其结局出现了偏差,进一步彰显了典例残局的实用性。本局可谓应用典例于实战的典型局例。

第三章　车类残局的较量

车的速度快、威力大,享有"一车十子寒"之美誉。车类残局又分为车炮对车马、车炮对车炮、车马对车马、车兵对车卒、车兵对车马、车兵对车炮、有车对无车、多子类和三个大子类的较量等。

第一节　车炮对车马的较量

车炮对车马,因为兵种不同,所以较量的结果还要看具体形势而定。

第23局　迫马后退　衔枚疾进

如图23-1,是"七斗星杯"全国象棋甲级联赛第7轮之战,双方以中炮过河车对屏风马平炮兑车布阵弈至第38回合时的形势,轮黑方走。此时红仕相全虽有防御能力,但黑方多卒,炮镇中路且先手,形势占优。

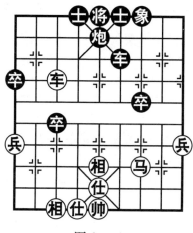

图 23-1

38. ……　　　　车6进5

黑方紧着!迫马后退不能从中路跃出助攻,是扩大优势的漂亮"手筋"。

39. 马三退四　车6平9

黑方不逃3路卒,反而平车吃兵,是由本届联赛实行的规则所决定的。黑方扫兵消除红方的反击心理,确保赢棋。

40. 车七平九 ······

红方不吃过河卒而扫边卒,也是新"规则"的产物,留有一丝获胜的希望。

40. ······ 　　车 9 退 1 　　**41. 兵九进一** 　卒 7 进 1

42. 车九平七 　卒 3 平 4 　　**43. 兵九进一** 　卒 7 平 6

黑方双卒携手作战,中炮威力极大,黑车控制红马不能跃出,红棋败局基本
已定。

44. 车七平五 　卒 4 进 1 　　**45. 兵九平八** 　卒 6 进 1

46. 兵八平七 　卒 4 进 1 　　**47. 兵七平六** 　······

红如改走仕五进六吃卒,黑则卒 6 进 1,仕六退五,卒 6 进 1,车五平四,车 9
进 2,兵七平六,卒 6 平 5,仕六进五,车 9 平 5,帅五平六,车 5 进 1,帅六进一,炮
5 平 4,车四平六,将 5 进 1,马四进三,车 5 退 2,马三进四,车 5 退 2 杀,黑胜。

47. ······ 　　卒 4 进 1 　　**48. 兵六进一** 　车 9 退 4

49. 车五平四 　卒 6 平 5 　　**50. 相五退三** 　车 9 平 7

51. 相三进一 　车 7 进 2 　　**52. 兵六平五** 　卒 5 进 1

红方认负。

第 24 局　车炮游弋　功夫老到

如图 24-1,是"锦州杯"全国象棋团体赛男子组第 4 轮柳大华对黄竹凤以
仙人指路对卒底炮开局弈完 71 回合时的局面,轮红方走。此时黑车拴链红方车
兵,黑马活跃,红方能否取胜?不仅考验棋力,还要考验耐力。

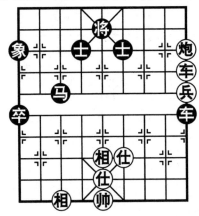

图 24-1

72. 炮一平三 　车 9 进 4 　　**73. 炮三退七** 　将 5 平 4

黑方平将活马,慎防红车借将摆脱拴链。

74. 车一进三	马3进4	75. 兵一进一	马4退6
76. 帅五平六	车9退5	77. 兵一进一	马6退8
78. 兵一进一	马8退7		

黑方车马合围红兵,如愿以偿。

| 79. 车一平九 | 马7退9 | 80. 车九退二 | 车9平4 |
| 81. 帅六平五 | 马9进8 | 82. 车九退三 | …… |

至此,等于红兵换黑象、卒,拉近了取胜的距离。

82. ……	马8进6	83. 车九平四	士4退5
84. 炮三进一	马6退4	85. 车四平八	车4进2
86. 炮三进三	将4退1	87. 车八进五	将4进1
88. 炮三平九	马4进5	89. 车八退四	马5退6
90. 炮九平一	马6进4	91. 车八平七	车4退1
92. 炮一进四	士5进4	93. 炮一退二	士4退5
94. 车七进一	马4进2	95. 炮一进二	士5进4
96. 车七平四	车4平9	97. 炮一平三	车9退3

这一段红方通过车炮的游弋,达到了黑车低头被牵之目的,初见成效。

98. 炮三退四	马2进3	99. 车四平六	车9进2
100. 车六退四	车9平3	101. 相七进九	车3进2
102. 相五进七	马3退1	103. 炮三平六	将4平5
104. 车六平八	……		

这一段红方着法紧凑,残局控制功夫老到。

104. ……	车3平4	105. 炮六平五	车4平5
106. 炮五平六	车5平4	107. 炮六平五	车4平5
108. 炮五平六	车5平4	109. 炮六平五	将5平6

黑方长捉红炮,被迫变着。

110. 车八进四	车4平6	111. 炮五平三	马1进3
112. 炮三退四	马3退5	113. 车八平三	车6平9
114. 炮三平四	车9退4		

黑退车保士无奈,否则红车三进一,士4退5,仕五进六,再仕四退五,黑难以应付。

| 115. 仕五进六 | 车9进2 | 116. 车三进二 | 将6退1 |
| 117. 车三退一 | 将6平5 | | |

黑进将,看到士已难保。黑方如改走士 4 退 5,则红车三进二,将 6 进 1,车三退一,将 6 退 1,车三平五,黑亦丢士。

118. 车三平四　车 9 平 5　　**119.** 仕四退五　士 4 退 5

120. 车四退四　马 5 退 4　　**121.** 车四平六　马 4 进 5

122. 帅五平六

至此,黑方认输。本局形成的车炮仕相全胜车马双士的实用残局,很有价值。

第 25 局　兵去底象　牵车制胜

如图 25 - 1,是"启新高尔夫杯"全国象棋甲级联赛赵鑫鑫对陈富杰以五七炮进三兵对屏风马挺 3 卒开局弈完 35 个回合时的局面,现轮红方走子。此时双方子力大体相同,而红方有兵过河逼近九宫助战,形势稍优。

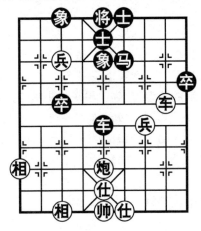

图 25 - 1

36. 车二平六　……

红方平车占肋弃兵,虽是无奈之举,但却是此时的好棋!

36. ……　　　车 5 平 7　　**37.** 帅五平六　车 7 平 5

38. 兵七进一　马 6 进 7

黑方进马嫌缓!可改走卒 3 进 1 逼兑红车试探应手,以下红相九进七,象 3 进 1,兵七平六,卒 9 进 1,接下来红若用兵换双士,走兵六进一,士 5 退 4,车六进四,将 5 进 1,车六平四,马 6 进 5,车四退四,车 5 平 4,帅六平五,车 4 退 1,炮五平二,车 4 平 3,炮二进三,马 5 退 3!炮二平七,象 5 进 3,车四平一,马 3 退 5,形成单车对马三象的典型例和定式。

39. 兵七进一! ……

红方兵去底象,精彩! 形成老兵搜山,掀起波澜。

39. ……	马7退5	**40. 兵七平六**	士5退4
41. 车六进四	将5进1	**42. 车六退三**	马5进7

红退车捉马,以炮牵车,顿挫有致。

43. 车六进二	将5退1	**44. 车六进一**	将5进1
45. 车六平四	卒9进1	**46. 车四退四**	……

红方凭借精湛的运子技巧,奠定了胜局。

46. ……	将5退1	**47. 仕五进四**	卒9进1
48. 炮五退二	马7进8	**49. 炮五进一**	马8退7

50. 帅六进一

红胜。以下黑如马7进8,红则车六进二捉象抽车,红方胜定。

第 26 局　　拴链谋子　生擒黑炮

如图 26-1,是"燕春楼杯"全国象棋公开赛天津王桂虎与上海窦超弈完38个回合时的残局盘面,轮红走子。且看红方生擒黑炮的精彩片段:

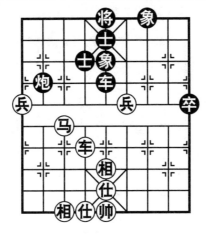

图 26-1

39. 车六平八 ……

红方平车盯住黑炮,是谋子的重要手段,机警之着!

39. ……	炮2平3	**40. 车八进三**	……

红方拴链黑方无根车炮,是谋子手段的继续和重要步骤。

40. ……	车5平8	**41. 仕五退四**	……

红方落仕必走之着,不让黑车借将脱身。否则,将增加取胜难度。

41.…… 象 5 退 3 **42. 仕六进五** 象 7 进 5

43. 兵九平八 卒 9 进 1 **44. 马七进五** 炮 3 平 4

45. 车八平七 卒 9 进 1

红方平一步车,压缩黑方车炮活动空间,招法老练;黑方无法摆脱拴链,拱卒无奈。

46. 兵八进一 炮 4 平 5 **47. 马五退七** 卒 9 平 8

48. 马七退五 将 5 平 6 **49. 马五进三** 车 8 平 7

50. 帅五平六 车 7 平 9 **51. 兵四进一!** 炮 5 进 2

52. 车七退二

至此,红车捉死黑炮,胜定。

第 27 局　取胜虽难　功夫非凡

如图 27 - 1,是"启新高尔夫杯"全国象棋甲级联赛第 19 轮之战,双方以仙人指路对飞象开局鏖战至第 61 回合时的残局形势,轮红走子。此时是一个典型的车炮士象全对车马双仕的实用残局,红方边马如果能够跳到四路仕角即成和局,因此黑方若想取胜,必须具有非凡的残局功底。

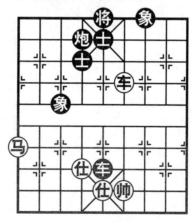

图 27 - 1

62. 马九进七 车 5 退 2

红方左马右移试图奔向四路仕角,争和;黑车 5 退 2 阻挠,针锋相对。

63. 马七进九 车 5 平 2 **64. 马九进七** 炮 4 平 1

65. 马七退五 车 2 平 5 **66. 车四平九** 炮 1 平 4

67. 马五进七 ……

红方跃马踩炮固然先手,不如改走马五进三,再车九平四,这样马回四路仕角的目标近在咫尺。

67. ……	炮4退1	**68.** 马七进八	车5平6
69. 仕五进四	炮4平3	**70.** 车九平六	车6平2
71. 马八退七	炮3平1	**72.** 车六平三	车2进2!
73. 仕四退五	象3退5	**74.** 马七退五	炮1进8
75. 帅四进一	车2退3	**76.** 车三平九	炮1平3
77. 车九平七	炮3平1	**78.** 车七平九	炮1平3
79. 车九平五	车2平4	**80.** 车五平七	炮3退4

黑胜。以下红方如续走马五退三,车4平6,帅四平五,车6平7,马三退一,车7平5,帅五平四,车5平6,帅四平五,将5平6,马一进三,车6平7,车七平四,将6平5,马三退五,车7平5,黑赢。

第28局　露帅伏杀　妙手连发

如图28-1,是全国象棋团体赛钟涛对陆峥嵘弈完47个回合后的残局形势,轮红方走子。此时双方互捉马、炮,兑子当然成和,红方看到车、马位置较好,况棋谚有"残棋马胜炮"之说,因此要求进一步较量残棋功夫。

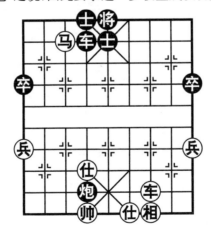

图 28-1

48. 马七退八　车4平2

黑如改走车4进6,则帅六平五,将5平6,车三平四,将6平5,车四进五,车4退1(如炮4平1保卒,则马八进七,车4退6,马七退六,车4进1,马六进四,将5平6,马四进二,将6平5,车四进三,绝杀,红方速胜),马八进七,车4退5,马七退六,车4进1,车四平一,车4平5,帅五平六,红多兵占优。

49. 帅六平五! ……

红方露帅伏杀,好手!

49. …… 将5平6　　**50. 车三平四** 将6平5

51. 车四进五 车2进1

黑方如改走炮4平2,则马八进六,车2平4,车四平一,炮2平6,车一进三,炮6退8,马六退四成绝杀,红速胜。

52. 车四平一 将5平6

黑方如改走车2平5,则帅五平六,黑必丢子。

53. 仕四进五 炮4平1　　**54. 相三进五** 炮1进1

55. 兵一进一 车2平3　　**56. 马八退七** 将6平5

57. 仕五进四 车3进2　　**58. 车一平五** 将5平6

59. 马七进五 车3平5　　**60. 帅五进一** 车3退3

61. 车五平三 ……

红方伏侧面虎杀势!

61. …… 将6平5　　**62. 车三进三** 士5退6

63. 马五进六 将5进1　　**64. 车三平四** 车3平1

65. 马六退四 将5进1

黑方如改走将5平4,则车四退一,士4进5,车四平五,将4退1,马四进六,再进八杀。

66. 车四平六 将5平6　　**67. 车六平四** 将6平5

黑认输。以下红方车四平五,将5平6,相五进七,将6退1,马四进二,将6进1,车五平四杀,红胜。

第29局　喂兵压马　绝妙成杀

如图29-1,是第3届全国体育大会"浦发银行杯"象棋赛第2轮河北申鹏对江苏徐超弈完37个回合后的残局形势。此时红方车炮兵单缺相对黑方车马士象全的形势近于实用残局,红方展现出的迅速取胜的杀法,既实用又精妙。

38. 兵七平六 车4平5

红方喂兵压马,绝妙!黑车若吃兵,红出帅成绝杀!

39. 帅五平四 车5进2

黑车走闲无奈。黑方如走马4进2,则红兵七平六捉死马,红胜定。

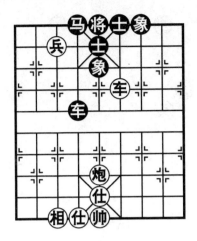

图 29-1

40. 炮五平六！ ……

红方平炮攻马佳着！黑方败局已定。

40. ……　　车 5 平 4

黑平车防守,也只能如此。黑方如改走马 4 进 2,则红兵七平六,车 5 平 2,炮六进六,打死黑马红亦胜定。

41. 兵六进一！

红胜。以下黑如退车杀兵,则红炮六平五绝杀;黑方又如士 5 退 4,则红车四进三破士亦胜。

第 30 局　兑车取势　窥槽攻杀

如图 30-1,是全国体育大会象棋赛湖北程进超对江苏徐超弈至第 38 回合时的局面,轮到黑方走子。枰面红缺双相炮难生根,黑马原地未动受红方过河兵控制。虽双方各有顾忌,但应认为黑方占优,马能跳出助战是获胜关键。

38. ……　　车 3 平 9

黑车扫兵实惠,积攒物质力量,稳步进取。

39. 兵八进一　卒 1 进 1！

黑方诱着！诱使红车吃卒,则黑车 9 平 5,炮五退一,马 2 进 4,车九平六,马 4 进 5,黑马顺利跳出。

40. 炮五平二	车 9 平 8	**41. 炮二平七**	车 8 平 3
42. 炮七平二	车 3 平 8	**43. 炮二平七**	车 8 平 2
44. 车五进一	马 2 进 3	**45. 车五平三**	……

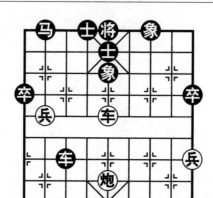

图 30－1

红方如改走车五平七,则车 2 平 5,仕六进五,马 3 进 5,黑马亦跳出。

45.…… 车 2 平 5 **46. 仕四进五** 车 5 退 3

红方兑车取势,算准马双卒例胜炮双士。

47. 车三退三 车 5 平 2 **48. 车三平一** 马 3 进 4

49. 炮七平一 马 4 进 6 **50. 炮一进四** 马 6 进 5

红方虽吃去一卒,但黑马进宫窥槽攻杀,红已极为被动。

51. 仕五进四 车 2 平 8 **52. 炮一进三** 象 7 进 9

53. 车一退三 象 5 进 7 **54. 仕六进五** 车 8 平 2

55. 帅五平四 马 5 退 6 **56. 帅四进一** ……

红如改走车一进四,则车 2 进 6,帅四进一,马 6 进 7,伏马 7 进 8 杀,红难应。

56.…… 马 6 退 8 **57. 车一平三** 车 2 进 3

58. 仕五退六 车 2 平 8 **59. 帅四退一** 马 8 退 7!

黑方退马困炮,伏退车捉死炮,战术灵活。

60. 帅四平五 车 8 退 5 **61. 炮一平三** 车 8 平 6

62. 炮三平一 车 6 平 9

黑炮被捉死,红已形成必胜残局,下略。

第 31 局 虎口献马 入局精妙

如图 31－1,是"启新高尔夫杯"全国象棋甲级联赛之战时双方以过宫炮对左横车列阵战完 51 个回合时的局面,现轮红方走子。此时双方大子相等,黑方虽多一过河卒,但红方车、马、兵占位极佳,且看在残局较量中,红方虎口献马入局的精妙表演。

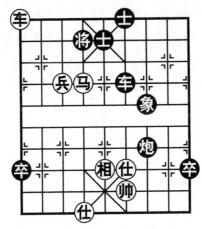

图 31 - 1

52. 车九退六　炮 7 平 6　　**53.** 帅四平五　将 4 退 1

54. 马六进七　车 6 退 1　　**55.** 车九平六　士 5 进 4

以上红方退车捉炮牵制,占肋照将次序井然。

56. 兵七进一　将 4 进 1　　**57.** 马七退九　将 4 平 5

黑方进将无奈,如改走士 6 进 5,则红车六平八,黑更难应付。

58. 兵七平六　将 5 平 6　　**59.** 马九退七　炮 6 退 1

60. 车六平二　炮 6 平 5　　**61.** 相五退七　车 6 进 2

62. 车二进五　将 6 进 1　　**63.** 车二退一　将 6 退 1

64. 马七进五!　……

红方虎口献马,精彩之极!胜利在望。

64. ……　　　　　车 6 进 2

黑方如改走象 7 退 5,则兵六平五,士 6 进 5,车二进一,将 5 退 1,兵五进一,小鬼坐龙廷,红胜。

65. 车二进一　将 6 进 1　　**66.** 马五进四　……

红马踏士入局更快,如改走马五进六,则炮 5 退 5,黑方仍可纠缠。

66. ……　　　　　车 6 平 5　　**67.** 帅五平六　炮 5 退 5

68. 车二平六

至此,黑方投子认负。

第32局　步步要害　着着紧扣

如图 32 - 1,是"翔龙杯"象棋南北元老对抗赛由北方与南方两位特级大师以中炮巡河车对屏风马大战至第 33 回合时的瞬间电视画面:红方虽缺一相,但车马俱活、占位俱佳,可望成和。实战中,黑方步步要害,红方却有不细之处,最终黑胜。

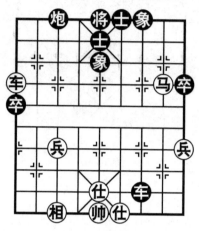

图 32 - 1

33. ……　　炮 3 进 9　　**34.** 兵七进一　车 7 退 4

35. 兵七进一　……

红方巧过一兵,黑如误走车 7 平 3 吃兵,则红马三进二,将 5 平 4,车九平六,红胜;黑方又如象 5 进 3 吃兵,则红车九进三,士 5 退 4,马二进四,将 5 进 1,马四退三,红得车胜定。

35. ……　　象 5 退 3　　**36.** 帅五平六　……

红方不如改走兵七平八,车不离要道,既兵吃卒,又伏车九平七捉双,形成双方各有顾忌的局面。

36. ……　　炮 3 退 3　　**37.** 车九退一　炮 3 平 4

38. 车九进一　炮 4 退 4　　**39.** 车九平七　象 3 进 1

40. 车七进一　车 7 退 1　　**41.** 车七退一　车 7 进 1

42. 车七进一　将 5 平 4　　**43.** 马二进四　车 7 平 6

44. 马四进三　象 1 进 3

红兵被吃,形势已不容乐观。

45. 车七进二　将 4 进 1　　**46.** 车七退三　车 6 平 4

47. 帅六平五	炮4平5	48. 仕五进六	车4进3
49. 帅五进一	车4进1	50. 帅五进一	车4退2
51. 车七平一	车4平5	52. 帅五平四	车5平6
53. 帅四平五	士5进4	54. 车一平六	车6进3
55. 帅五退一	车6退3		

黑方改走车6退4,断兵前进路线,更佳!

56. 兵一进一	炮5退2	57. 马三退二	车6平9
58. 兵一进一	士6进5	59. 帅五平六	炮5平3
60. 兵一平二	车9平5	61. 马二退四	炮3平4
62. 马四退三	车5平1	63. 马三退四	车5进2
64. 车六退四	车5退3	65. 马四进六	车5平8
66. 车六平八	炮4平6	67. 马六进八	车8进4
68. 帅六退一	车8进1	69. 帅六进一	车8退1
70. 帅六退一	车8退5	71. 车八平九	车8平4

黑胜。

第33局　机会流逝　大费周折

如图33-1,是"环球药业杯"全国象棋个人赛廖二平与张江以对兵局布阵战至第53回合时的局面,现轮黑方走子。此时双方子力均等,红方缺双相,应是黑方优势。且看黑方在离"自然限着"还有几步而获胜的过程。

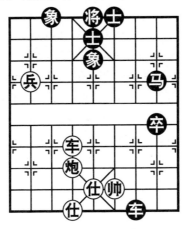

图 33-1

53. ……　　　马8进6　　　**54. 仕五进四　车7平5**

红方被迫扬仕解杀;黑方平车中路急于求杀,竟未吃仕,简单取胜的机会流逝,以后又大费周折。

55. 仕四退五　卒8平7

黑方仍应改走车5平7还原吃仕,减少"限着"压力。

56. 炮六平九　车5平8

红方平炮暗伏恶着;黑方车离险地无奈,如改走马6进7,则车六平三,卒7进1,炮九退二打死车,和定。

57. 仕五进四　车8退6　　　**58. 兵八进一　马6进7**

59. 帅四平五　车8平5　　　**60. 帅五平六　车5平1**

61. 炮九进一　马7退5　　　**62. 车六平五　卒7平6**

63. 兵八进一　车1进2　　　**64. 帅六平五　马5退4**

65. 车五平六　马4进2　　　**66. 炮九平八　车1进1**

前面黑方的两次失误白白浪费了很多步数,且红兵又临近黑方后防线,"自然限着"渐渐接近,不能忽视。现进车拉住红方车、炮,准备运马围歼。

67. 兵八平七　象3进1　　　**68. 帅五平四　卒6平5**

红帅应退回底线死守,期待"自然限着",这样只差十五六回合即可判为和棋,机会较大。

69. 车六平一　马2进4　　　**70. 炮八平二　象5退7**

71. 炮二平六　车1平3　　　**72. 兵七平八　马4退3**

73. 兵八平九　马3进2　　　**74. 炮六平三　马2进3**

红方如改走炮六平四,则黑仍马2进3,仕四退五,车3平5,帅四退一,卒5平6,炮四平三,马3退4,红炮必丢,因离限着还有几步,黑方亦胜。此时黑马踏仕,红方已难招架,续弈几着,只得推枰认负。以下着法为:

75. 车一进一　马3进4　　　**76. 帅四平五　马4退3**

77. 帅五平四　车3平7　　　**78. 车一平五　车7进2**

79. 帅四退一　车7退1　　　**80. 车五平四　车7进2**

81. 帅四进一　车7平5

黑胜。

第 34 局　干净利落　简明实用

如图34-1,是"巨丰杯"第3届全国象棋大师冠军赛第2轮李智屏与张强弈至第74回合后的残局形势,现轮红方走子。此时红方车炮兵攻杀,弃炮破士持车兵入局,着法干净利落,简明实用,可供借鉴。

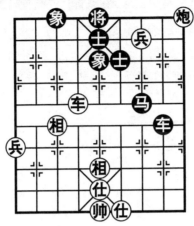

图 34－1

75. 车六进三!　……

红方进车塞象腰,凶悍且精彩!下伏兵三进一,士5退6,车六平四的绝杀。

75. ……　　　马7进6　　**76.** 仕五进四　……

红方支仕扛马,攻不忘守,着法老练。

76. ……　　　将5平6　　**77.** 车六退五　马6退7

红方退车捉马精细,如改走炮一平七贪象,则将6平5,伏车8平4兑车,红方取胜要费周折。

78. 车六进五　象3进1　　**79.** 炮一退一　将6平5

80. 炮一平五!……

红方弃炮打士,车兵入杀,着法凶悍!

80. ……　　　士6退5　　**81.** 兵三平四　车8退4

82. 车六平五　将5平4　　**83.** 兵四平三　车8平9

84. 相五进三!象1退3　　**85.** 车五平四　将4平5

86. 车四平七　马7进5　　**87.** 兵三平四　车9进7

88. 帅五平六　马5进4

黑方如改走马5进6要杀,则车七平五,速胜。

89. 兵四平五　将5平6　　**90.** 车七平六

红胜。

第35局　画龙点睛　精妙绝伦

如图35-1,是第3届象棋大棋圣战第5轮赵国荣与宗永生以五六炮过河车对屏风马平炮兑车列阵弈完48个回合时的局面,现轮红方走子。此时双方子力完全均等,但红有一兵过河,且逼近九宫,棋谚有"残棋马胜炮"一说,因此红方占优。

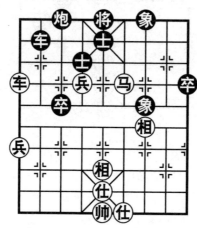

图 35-1

49. 兵六进一　……

红方进兵破士,当机立断,体现出良好的棋感。

49. ……	士5进4	50. 马四进六	车2平4
51. 马六退七	象7退5	52. 马七退五	卒9进1
53. 兵九进一	卒9进1	54. 兵九进一	卒9平8
55. 车九平七	炮3平4	56. 兵九进一	卒8进1
57. 兵九平八	卒8进1	58. 马五进四	卒8平7
59. 兵八进一	卒7进1	60. 兵八平七	卒7平6
61. 兵七平六	车4平1		

红方平兵拱车,巧着;黑方如炮4进2,则车七进三,车4退1,马四进六,黑车炮尽失,立溃。

62. 相五退七	车1平8	63. 相三退五	将5平6

红方落相、联相,稳健、老练,攻不忘守。

64. 马四退三	象5进7	65. 马三进五	炮4平5
66. 车七平四	车8平6		

红若急于求成走马五进三,则卒 6 平 5! 帅五平六(若仕四进五,则车 8 进 8 杀),炮 5 平 4,兵六平五,车 8 平 4,黑方偷袭成功,反败为胜。

67. 马五进四

红方进马盖车伏杀,画龙点睛之手,精妙绝伦,这是典型的车马冷着,值得爱好者借鉴和效仿,以下黑如炮 5 进 1,则兵六进一,仍是红胜,故黑认负。

第 36 局　海底捞月　一招制胜

如图 36-1,是全国象棋团体赛男子乙组第 6 轮王晓华对蒋凤山弈完 25 个回合后的局面,现轮红方走子。此时双方呈对杀态势,且看红方妙手连发、精彩入局的过程。

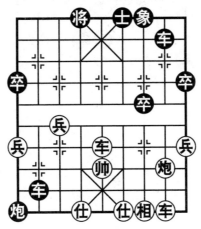

图 36-1

26. 炮二平三!　……

红方倚仗千里照面的杀势平炮咬车,妙手!

26. ……　　　车 8 平 5　　27. 炮三进七　将 4 进 1

28. 车二进八!　……

红方伸车、吸车,妙手连发! 以下兑车破士,胜定。

28. ……	车 2 平 4	**29. 车二平五**	士 6 进 5
30. 车五进五	将 4 退 1	**31. 车五进一**	将 4 进 1
32. 车五退四	卒 7 进 1	**33. 炮三平八**	车 4 进 1
34. 帅五退一	车 4 退 1	**35. 帅五退一**	车 4 进 1
36. 帅五进一	炮 1 退 1	**37. 兵七进一**	卒 7 平 6
38. 车五进三	将 4 退 1	**39. 车五进一**	将 4 进 1

40. 炮八平六！ ……

红方平炮"海底捞月"，一招制胜！

40. …… 炮 1 平 4 **42. 兵七进一**

红胜。

第 37 局　剑锋飘忽　炮卒协同

如图 37-1，是第 3 届全国象棋大师冠军赛第 4 轮火车头杨德琪与广东庄玉庭以对兵局布阵弈至第 40 回合时的局面，现轮黑方走子。此时双方大子均等，红方多兵缺相，忌怕炮攻，应为黑优。且看庄大师以精彩的车、炮、卒杀法取胜。

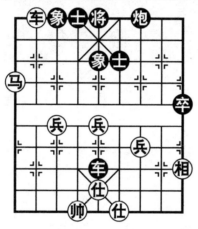

图 37-1

40. …… 车 5 退 2

黑方选择吃中兵而不吃相，佳着。

41. 车八退四 卒 9 进 1		**42. 兵七进一** 卒 9 进 1
43. 车八退三 车 5 平 1		**44. 马九进八** 士 4 进 5
45. 兵七平八 卒 9 平 8		**46. 车八进一** 卒 8 进 1
47. 车八退一 卒 8 平 7		**48. 马八退七** 车 1 进 4
49. 帅六进一 车 1 退 3		**50. 兵三进一** 车 1 平 9
51. 相一退三 车 9 平 7		**52. 马七退五** 炮 7 平 8
53. 帅六退一 炮 8 进 7		**54. 车八进二** 车 7 平 5
55. 马五进三 车 5 平 3		**56. 帅六平五** 炮 8 退 1

以上一段黑车剑锋飘忽，紧紧抓住红方缺相的弱点，与炮卒协同作战，使局势层层推进，现先手退炮，准备平中叫将，发动最后一击。

57. 马三退五　炮8平5　　**58.** 仕五进六　卒7进1

59. 帅五平六　车3进3　　**60.** 帅六进一　车3退1

61. 帅六退一　炮5平7　　**62.** 相三进五　炮7平8

63. 帅六平五　炮8进3　　**64.** 仕四进五　卒7进1

黑进卒底线叫将巧妙成杀，红方看到仕五退四后，黑可接走车3平6，于是推枰认负。黑胜。

第38局　步步要杀　着着紧逼

如图38－1，是第3届全国象棋大师赛中的一个镜头，这是湖南肖革联与杭州陈孝堃斗阵弄法战至第22回合时的盘面，现轮黑方走子。此时红方虽多一兵，但单缺仕相，请欣赏黑方快速入局的精彩表演。

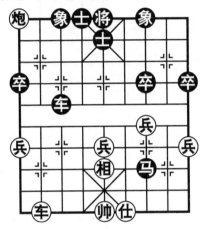

图38－1

22. ······　　车3平6　　**23.** 仕四进五　车6平8

24. 相五退三　车8进5

黑方步步要杀，着着紧逼，以"钓鱼马"追杀，红必失车，黑胜。

第二节　车炮对车炮的较量

车炮对车炮，大子相等较量结果如何？一是靠多兵(卒)，例如多双兵(卒)通常可胜；二是对方缺士(仕)或象(相)，我方车炮兵(卒)可攻破对方城池；三是双方子力位置不同，一方靠优势取胜。

总之，要看具体形势才能决定最终结果。

第39局　错过和机　败局垂成

双方以顺炮横车对直车开局,战至第30回合时已进入残局阶段,如图39-1,轮黑走棋,此时红方有"铁门栓"杀势。这是"锦州杯"全国象棋团体赛第4轮之战,且看黑方如何应付。

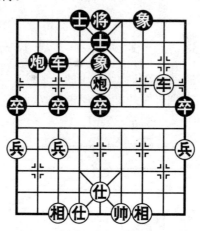

图 39-1

30.…… 车3进1　　**31. 车二平四** 车3平5

32. 车四平五 炮2进4?

黑方进炮打兵,乍看无可非议,实是错过和局机会的败着。黑方应改走卒5进1,以下红方有三种着法,试演如下:①车五退二,炮2平1,车五进一,炮1进4,车五平一,卒1进1,车一退一,卒1平2,形成车兵例和炮士象全的实用残局;②兵七进一,卒3进1,车五退二,炮2平1,车五退一,卒3平2,和定;③车五平九,炮2进4,兵七进一,卒5进1,兵七进一,象5进3,车九退一,象7进5,亦和。

33. 兵七进一! ……

红方先弃后取是赢棋的关键着法!

33.…… 卒3进1　　**34. 车五退一** 炮2平7

35. 车五平九 炮7退2　　**36. 相三进五** 卒3平2

37. 车九平八 象7进9　　**38. 车八退一** 炮7退4

39. 车八平二 象5进7　　**40. 兵九进一** 士5退6

41. 兵九进一 士4进5　　**42. 兵九平八** 炮7平9

43. 车二进四

至此,形成车双兵仕相全对炮卒士象全的必胜局面,黑方认负。

第 40 局　卒林献车　石破天惊

双方以中炮急进中兵对屏风马左马盘河开局,这是"锦州杯"全国象棋团体赛男子组第 5 轮双方弈完 74 个回合时的盘面。如图 40-1,进入车炮双兵单仕相对车炮双卒的残局。红方虽占优,但能否取胜?要有兵渡河助战,增强战斗力,将尽快解决战斗。且看红方的妙招:

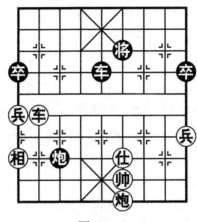

图 40-1

75. 车八进二!　……

红方卒林献车,石破天惊!

75. ……　　　　车 5 进 3

黑方有车不敢吃,无奈之极!黑方如改走车 5 平 2 砍车,则红帅四平五,车 2 平 6,炮四进六,以下黑有两种应法:①炮 3 退 6,炮四平二,炮 3 平 6,炮二退四,炮 6 进 6,炮二平一,将 6 退 1,炮一进四,炮 6 退 5,炮一退二,炮 6 平 1,相九进七,红方胜定;②炮 3 退 5,炮二平四,炮 3 平 1,炮二退六,将 6 退 1,炮二平一,卒 9 进 1,炮一进五,炮 1 进 3,炮一平七!卒 1 进 1,炮七退五,炮 1 平 6,炮七平九,炮 6 平 1,相九进七,红胜。

76. 车八平九　　将 6 平 5

黑如误走车 5 平 9,则帅四平五,速胜。

77. 车九平一　　炮 4 退 1

红车连杀两卒,已成例胜残局,黑退炮不过是聊以自娱,输赢只是时间问题。

78. 兵一进一　　车 5 进 3　　　**79.** 车一平四　　炮 4 进 2

80. 炮四平三　　……

红方弃炮解杀,只此一着。

80.…… 　　　　车 5 退 1

黑方如改走车 5 平 7 吃炮,则红车四平五,将 5 平 4,帅四平五,车 7 平 4,黑方难挡红车与双兵的攻势,亦必败无疑。

81. 帅四退一　车 5 平 7　　**82.** 车四平五　将 5 平 6

83. 帅四平五　车 7 进 1　　**84.** 帅五进一　车 7 退 1

85. 帅五退一　炮 4 平 6　　**86.** 兵一进一　车 7 退 3

87. 兵一进一　车 7 平 1　　**88.** 兵一平二　将 6 退 1

89. 兵二进一　车 1 退 3　　**90.** 车五进二　将 6 退 1

91. 兵二进一

黑方认输。

第 41 局　手法细腻　明快简洁

如图 41-1,是"启新高尔夫杯"全国象棋甲级联赛徐天红对郑一泓以对兵局布阵战至第 37 回合时的局面,现轮黑方走子。此时双方大子相等,黑方多卒,红方帅位不安,残局阶段黑方取胜的细腻手法值得学习。

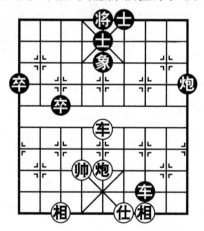

图 41-1

37.…… 　　　　车 7 退 2　　**38.** 车五平六　车 7 平 5

39. 炮五退一　炮 9 进 6　　**40.** 相三进五　炮 9 退 2

黑方退炮叫将,巧妙地化解了红方扬相打车攻象的手段,着法灵活。

41. 相五退三　炮 9 平 8　　**42.** 车六进二　卒 1 进 1

43. 帅六退一　卒 3 进 1　　**44.** 炮五进一　卒 3 进 1

45. 车六平九	卒 3 平 4	46. 仕四进五	炮 8 退 2
47. 车九进三	士 5 退 4	48. 帅六退一	炮 8 进 4
49. 帅六进一	炮 8 退 1	50. 帅六退一	士 6 进 5
51. 车九退四	车 5 平 7	52. 车九平二	车 7 进 3
53. 仕五退四	车 7 平 6	54. 炮五退二	炮 8 平 5
55. 车二进四	士 5 退 6	56. 车二进六	炮 5 退 2
57. 车二进四	士 6 进 5	58. 车二进二	士 5 退 6

59. 车二退八　……

红如仍走车二退二,属于一将一捉,违例,只得变着。

59. ……　　　　卒 4 进 1

黑方着法简洁明快,至此黑胜。

第 42 局　车炮腾挪　杀局形成

如图 42-1,是"交通建设杯"全国象棋大师冠军赛预赛第 2 轮,党斐与蒋川两位大师以五七炮进三兵对屏风马列阵弈完 49 个回合时的局面,现轮红方走子。此时红方仅多一兵过河,车炮对车炮大子相等,红缺仕黑少象,欲分胜负,需要纠缠一番。

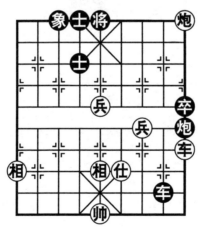

图 42-1

50. 炮一平三　……

红方平炮避兑是争胜之着。红方如改走炮一退五,则卒 9 进 1,车一进一,车 8 退 4,中兵被捉死,和局。

50. ……	车 8 进 1	51. 帅五进一	车 8 退 6

52. 车一平五　士4退5　　**53.** 兵五平四　炮9平8

54. 车五平一　车8平9　　**55.** 兵四进一　卒9进1

黑冲边卒寻求一搏。黑方若改走车9平6吃兵,虽仍属红方稍好,但黑方和机也会随之加大。

56. 车一平四　卒9进1　　**57.** 炮三退四　车9进1

58. 相五退三　……

红方落相既露帅助攻,又限制黑卒的进路,一着两用,好棋。

58. ……　　　　炮8退5　　**59.** 兵四进一　炮8平7

60. 兵四进一　象3进5　　**61.** 炮三进一　炮7进5

62. 帅五平四　车9退1　　**63.** 炮三进三　士5进4

64. 仕四退五　车9退2　　**65.** 车四进四　象5退3

66. 炮三退四　士4进5　　**67.** 车四退三　炮7进1

68. 炮三进四　士5进6　　**69.** 车四平五　……

红方经过车与炮的一番腾挪,此时已形成较为经典的车炮兵杀局定式。

69. ……　　　　士4退5

黑方退士并没有发觉危险的存在,立溃! 较为顽强的走法是将5平4,以下红接走车五平七! 象3进5,兵四进一! 象5退7,车七进五,将4进1,车七退一,将4退1,车七平一,红方得车后正好形成车底兵对炮单缺象的必胜局面,黑亦难逃一败。

70. 车五进四!

红方弃车砍士,一击中的! 黑如接走士6退5吃车,则兵四进一闷杀! 至此黑方也发现了红方的后续手段,遂爽快认负。

第43局　战术连连　次序井然

如图43-1,是"启新高尔夫杯"全国象棋甲级联赛李鸿嘉对郑一泓以五七炮双直车对屏风马挺7卒列阵弈至第55回合时的残局形势,现轮黑方走子。此时双方大子相等,红方子力位置占有优势,黑方无象怕炮攻。且看双方的残棋较量。

55. ……　　　　车4平5

黑方车平中路,本以为可以拴链红方车炮,却正落入红方精心设计的陷阱之中。

56. 炮五平三　车5平7　　**57.** 车五退三! 　车7进2

58. 帅五平六　……

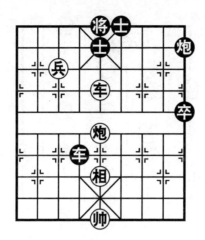

图 43－1

红方利用闪击战术摆脱牵制后，又巧妙地逼黑车低头，再出帅控制将门，次序井然。由于黑方第 55 回合的失误，让红方的运子技巧表现得淋漓尽致。

58.……　　　炮 9 平 7　　**59.** 炮三平五　士 5 退 4

60. 炮五平八　士 4 进 5　　**61.** 炮八平五　士 5 退 4

62. 炮五平八　士 4 进 5　　**63.** 炮八平五　士 5 退 4

规则允许的重复着法，红方为赢得点时间而已。

64. 炮五平三　士 6 进 5　　**65.** 兵七平六　将 5 平 6

66. 兵六平五　车 7 退 2　　**67.** 车五进二　车 7 平 6

68. 炮三平七

黑方超时判负，如不超时，亦属败势。

第 44 局　车炮受牵　坐以待毙

如图 44－1，是全国第 3 届体育大会象棋赛蒋川对谢卓淼以仙人指路对卒底炮开局弈至第 26 回合时的形势，现轮黑方走子。此时车炮对车炮大子相等，但黑方缺士少卒，且看红方抓紧渡兵，与车炮配合采取围子战术取得胜利。

26.……　　　炮 3 平 1　　**27.** 车六平八　……

红方平车占据重要线路，好手！旨在控制局势。

27.……　　　炮 1 进 4

黑方炮打边兵失算，导致车炮受困。黑方应改走将 5 平 4 较为顽强。

28. 车八进一　士 5 退 4　　**29.** 帅五平六　炮 1 平 4

30. 兵一进一　……

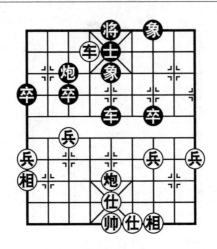

图 44 - 1

黑方车炮受牵,红边兵衔枚疾进。

30. ⋯⋯ 　　卒 1 进 1 　　**31.** 兵一进一 　卒 1 进 1

32. 兵一平二 　炮 4 退 2 　　**33.** 兵二进一 　卒 1 平 2

34. 兵二进一 　卒 2 平 3 　　**35.** 相七进九 　卒 3 进 1

36. 相七退九

红兵畅通无阻逼近九宫,黑只得坐以待毙,投子认负。

第45局　虎口献炮　解杀还将

如图 45 - 1,是"启新高尔夫杯"全国象棋甲级联赛徐超对卜凤波以中炮直横车对屏风马两头蛇列阵战完 23 个回合时的局面,现轮红方走子。此时红方仅多一兵渡河助战,形势占优。请欣赏红方虎口献炮的精彩着法!

24. 车三平八 　⋯⋯

红车逃离象口并困死黑炮,已稳操胜券。

24. ⋯⋯ 　　将 5 平 4 　　**25.** 兵七进一 　车 5 平 4

26. 车八进四 　象 5 退 3

黑方送象无奈,严防红方车兵"错杀"。

27. 车八平七 　将 4 进 1 　　**28.** 炮五平六! 　⋯⋯

红方虎口献炮解杀还将,精妙无比! 锁定胜局。

28. ⋯⋯ 　　车 4 进 5

黑方如改走车 4 平 5,仕六进五,黑亦难应。

29. 兵七进一 　将 4 进 1 　　**30.** 车七平八

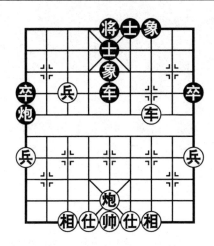

图 45-1

红胜。至此红方形成双车错的绝杀之势。

第46局 弃炮冲兵 抢杀在先

如图46-1,是第2届"杨官璘杯"象棋公开赛第7轮的一局争斗,双方以五七炮进三兵对屏风马进3卒列阵弈完44个回合时的局面,现轮红方走子。此时车炮对车炮双方大子相等,红方仅多一兵过河但缺一相,且看双方如何争斗:

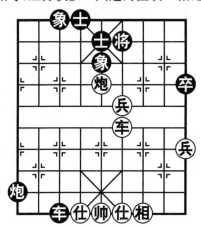

图 46-1

45. 兵四进一	炮1进1	46. 帅五进一	车3退1
47. 帅五进一	车3退2	48. 兵四平三	士5进6
49. 兵三进一!	……		

红方弃炮冲兵攻杀,精彩!

49.…… 　　车 3 平 5 　　**50.** 帅五平六　炮 1 退 7

黑如改走车 5 退 3 吃炮,则兵三平四,将 6 平 5,兵四进一,将 5 退 1,车四平二,红方抢杀在先。

51. 炮五平四　将 6 平 5

黑如误走士 6 退 5,则兵三平四,将 6 进 1,炮四平五,红方速胜。

52. 车四平六　车 5 平 6 　　**53.** 车六进四　将 5 退 1

54. 车六进一　将 5 进 1 　　**55.** 车六退三　卒 9 进 1

56. 帅六退一　将 5 退 1 　　**57.** 兵三进一

黑方难抵红方车炮兵的联合攻杀,遂认负。

第 47 局　红炮轰士　黑方无解

如图 47-1,是全国象棋团体赛第 1 轮中的一盘精彩对局,是由王晓华与曹红举以中炮横车对屏风马右象开局战至第 34 回合时形成的残局形势,现轮黑方走子。此时车炮兵对车炮卒,双方大子相等,但黑缺一象,红方在打击黑象的同时,利用牵制战术,兵逼九宫,以老练利索的残局着法取得胜利。

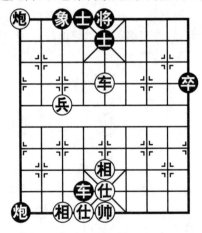

图 47-1

34.…… 　　车 4 平 1 　　**35.** 炮九平八　车 1 平 3

36. 兵七平八!　……

红方平兵护炮,老练之至!红方如改走兵七平六,则黑车 3 平 2,炮八平九(如炮八退三,炮 1 退 6,兑子可和),车 2 退 4,兵六进一(如兵六平五,则炮 1 退 5,打死红兵),炮 1 退 8!炮九平六,将 5 平 4,车五进二,车 2 平 4,红方无胜机。

36.⋯⋯ 车3退6 **37.** 兵八进一 卒9进1

38. 车五退一！ 炮1退3

黑退炮弃卒无奈，红有车五平九捉死炮的恶着。

39. 车五平一 车3平8 **40.** 车一进四 士5退6

41. 车一退六 炮1平8 **42.** 兵八平七 士6进5

43. 兵七进一 ⋯⋯

红兵利用车牵黑方车炮乘机进击，黑势已危。

43.⋯⋯ 炮8进3 **44.** 兵七进一 车8平7

45. 车一平二 炮8平9 **46.** 兵七平六 车7进7

47. 仕五退四 车7退3 **48.** 车二退三 车7平9

49. 相五退三 车9平5 **50.** 相七进五 车5平2

51. 炮八平六

红炮打士，黑方无解，红胜。

第48局 仕相凋零 难逃厄运

如图48-1，是第3届全国象棋大师冠军赛第2轮傅光明与张晓平以"飞相对进卒"开局战完37个回合时的局面，现轮红方走子。此时红方仕相凋零，帅位不正，炮又被捉，虽大子相等，但黑方占优可攻。

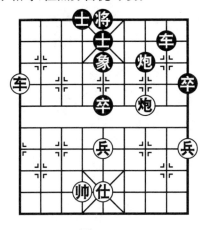

图 48-1

38. 炮三退五 炮7进6！

红方退炮底线，意在防中兵被捉，应改走炮三退三较好；黑方进炮借叫将压缩红炮活动，佳着！

39. 仕五进六　车 8 进 8！　**40.** 炮三平九　车 8 平 2

红方车炮被牵,形势更加艰难。

41. 帅六平五　炮 7 退 8

黑方"残棋炮归家",准备做最后的攻击,着法老到。

42. 帅五平四　车 2 平 5　**43.** 炮九进二　……

红方升炮弃中兵无奈,如改走仕六退五,则黑炮 7 平 6,红亦丢中兵,并更难下。

43. ……　　　　车 5 退 3　**44.** 车九平五　象 5 退 3

45. 兵一进一　炮 7 平 6　**46.** 炮九进四　卒 5 进 1

47. 炮九平一　卒 5 平 6　**48.** 车五平四　卒 6 平 7

红方认负。红方如接走车四平六,则黑士 5 进 6,炮一平四,车 5 平 6,千里照面,绝杀。

第 49 局　藩篱尽毁　败局已定

如图 49-1,是"巨丰杯"第 2 届象棋"新名人"赛黄海林与庄玉庭同室操戈以中炮对鸳鸯炮列阵战完 53 个回合时的残局形势,此时轮红方走子。观枰面,双方大子相等,红方多兵缺相。棋谚曰:缺相怕炮攻,应视黑方稍优。且看双方残局的较量。

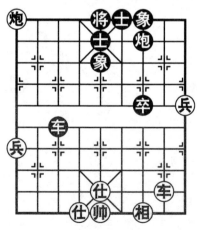

图 49-1

54. 车二进五　……

红车进卒林显得急躁,无论如何应先走相三进五后,再做定夺。

54. ……　　　　炮 7 进 8　**55.** 车二平八　将 5 平 4

56. 车八平六　将4平5　**57.** 车六平八　将5平4

58. 兵一平二　卒7进1

黑方7卒渡河助战,红势堪忧。

59. 兵二进一　卒7进1　**60.** 车八进三　将4进1

61. 车八退一　将4退1　**62.** 车八进一　将4进1

63. 车八退七　车3平8　**64.** 兵二平一　炮7平9

65. 车八平一　车8进4　**66.** 仕五退四　炮9平6

67. 车一平六　士5进4　**68.** 炮九退三　炮6退8

黑方残棋炮归家,好棋;红方藩篱尽毁,败局已定。

69. 帅五进一　车8退1　**70.** 帅五退一　车8退3

71. 炮九平六　将4平5　**72.** 炮六平五　将5平4

73. 仕六进五　车8平5　**74.** 炮五平三　将4平5

75. 兵一平二　卒7平6　**76.** 车六进四　卒6平5

77. 炮三平五　象5退3　**78.** 兵二平三　卒5进1

79. 炮五退四　车5进2　**80.** 车六进一　车5平7

黑方平车叫杀抽吃过河兵,红方认负。

第三节　车马对车马的较量

车马对车马的较量,需多兵(卒)易于取胜,如果对方缺士(仕)少象(相)也易攻杀入局。

第50局　车马腾挪　如虎添翼

第10届世界象棋锦标赛越南黑马阮武军第3轮战胜台北棋王吴贵临,第6轮逼和中国洪智。如图50-1,是第9轮后手迎战许银川,双方以中炮直横车对屏风马两头蛇布阵弈完33个回合后的形势。此时局势平稳,红方仅多一兵,欲取胜,须避开黑方硬兑战术,红方利用黑求和心理,积极进攻制胜。轮红走棋:

34. 兵九进一　车9退2　**35.** 兵九平八　马3进4

36. 兵五进一　……

红方细腻之着,防黑车9平5兑车,若红避兑,则黑车5进2吃掉中兵,和势更浓。

36. ……　　象3退1　**37.** 马九进七　象5退3

38. 车五平六　……

红方压彼马活己马,好棋!是残局中常用的腾挪手法。

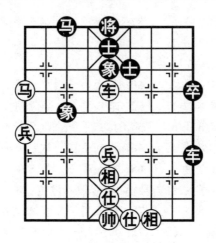

图 50－1

38. ……　　　　车 9 平 6　　**39.** 马七退六　　……

红方如贪卒走车六平一,则黑车 6 进 1,车一平五,车 6 退 2 兑死车,红胜难度增大。

39. ……　　　　马 4 退 6　　**40.** 马六退七　　卒 9 进 1

41. 兵八进一　　士 5 退 4　　**42.** 马七退六　　士 6 退 5

43. 马六进五　　车 6 平 7　　**44.** 马五进七　　车 7 退 1

45. 车六退一　　卒 9 进 1　　**46.** 马七进六　　士 5 进 4

47. 兵八平七　　士 4 进 5　　**48.** 车六平一　　卒 9 平 8

49. 车一平二　　卒 8 平 9　　**50.** 兵五进一　　……

这一段红方车马腾挪抢占要位,体现出深厚的残局功底,现中兵渡河助战,如虎添翼。

50. ……　　　　车 7 平 6　　**51.** 兵五平四　　车 6 平 5

52. 车二退二　　马 6 进 7　　**53.** 车二平六　　马 7 退 8

54. 车六平四　　马 8 进 9　　**55.** 兵四进一　　车 5 进 1

56. 马六退七　　车 5 平 3　　**57.** 兵七平六　　马 9 进 7

58. 车四平五　　将 5 平 4　　**59.** 兵六进一　　……

红方时机成熟,发动总攻,算准一兵破双士。

59. ……　　　　士 5 进 4　　**60.** 车五平六　　将 4 平 5

黑方如改走将 4 进 1,则帅五平六,车 3 退 2,马七进五,黑士必丢。

61. 车六进四　　卒 9 平 8　　**62.** 车六平三　　将 5 进 1

63. 车三进一　　将 5 进 1　　**64.** 车三平六　　马 7 进 5

65. 兵四平五　将5平6　**66.** 车六平五

至此,黑方认输,因红下伏马七进五的绝杀。

第 **51** 局　鬼坐龙廷　一击中的

双方以中炮对左炮封车转半途列炮开局,这是"锦州杯"全国象棋团体赛女子组第 5 轮的实战。如图 51-1,已是弈至第 27 回合进入残局的形势,轮黑走棋。此时黑虽多一卒过河,但红车马兵占位较好,总体感觉应认为是黑方稍好的局面,然而对弈结果却是红胜,着法如下:

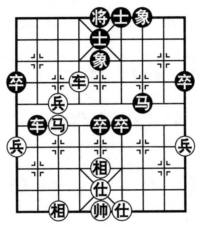

图 51-1

27. ……　　　　车2进1　**28.** 兵七进一　士5进6

29. 兵七进一　士6进5

黑方换支羊角士,预先防范;红兵衔枚疾进,力争先发制人!

30. 车六平九　马7进8　**31.** 车九平三　卒6进1

32. 兵七进一　卒5平4　**33.** 马七进六　卒6平7

黑方伏马8进7,帅五平六,车2平4杀着。

34. 仕五进六　马8进7　**35.** 帅五平六　车2进3

36. 车三平五　卒4进1　**37.** 仕六退五　士5进4

黑方撑士软着!不如改走卒7平6,以下红如接走兵七平六,则卒6平5,马七进六,马7退5,侧面虎杀势,红难应付,黑方可捷足先登。

38. 车五退二　士6退5　**39.** 兵七平六　车2退6

黑方退车驱马,又是一步软着!黑方应改走车2退8捉兵,则兵六平五,士4退5,车五平三,车2平4,车三退一,车4进2,车三退二,卒4平3,帅六平五,

车4平1,车三进二,车1进3,车三进三,卒9进1,车三平一,车1退2,兵一进
一,和棋。

40. 车五平九! 将5平6?

最后的败着!黑方应改走车2退3,则马六退四,象5进7,马四退三,亦是
红优,但黑尚可坚持。

41. 兵六平五!

小鬼坐龙廷,一击中的,精彩!黑认输,以下黑只能士4退5,则红车九平
四,士5进6,车四进三,将6平5,马六进七,红抽车胜定。

第52局　连丢两卒　已无和望

双方以顺炮直车对横车布阵对垒,弈完27个回合时将步入残局阶段,如图
52-1。这是"狗不理杯"冠亚军决赛的精彩对局。此时红方子力活跃,又轮红方
走,所以取胜较有希望。

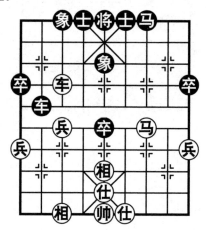

图 52-1

28. 马三进四　车2退3　　　　**29.** 马四退五　马7进6

30. 车七平九　马6进7　　　　**31.** 马五进四　……

黑方连丢两卒,基本已无和望。

31. ……　　　　　车2平8　　**32.** 兵九进一　马7进6

33. 车九平六　士6进5　　　　**34.** 兵九进一　士5进6

35. 兵九平八　士4进5　　　　**36.** 兵八进一　车8平5

37. 马四退三　车8平7　　　　**38.** 马三进二　车7平9

39. 兵七进一　马6退5　　　　**40.** 兵七进一　马5进4

黑方可改走车 9 平 7,下伏退 3 邀兑较为顽强。

41. 仕五进六	马 4 进 6	**42.** 帅五平六	车 9 平 7
43. 仕四进五	马 6 退 5	**44.** 车六平五	马 5 退 3
45. 车五平六	卒 9 进 1	**46.** 兵七进一	车 7 平 8
47. 车六平三	将 5 平 6	**48.** 兵八平七	车 8 进 3
49. 相五退三	车 8 退 5	**50.** 相七进五	车 8 平 7
51. 车三平四	车 7 平 5	**52.** 后兵平六	马 3 进 5
53. 车四退二	车 5 平 8	**54.** 马二进四	马 5 退 4
55. 马四退二			

黑方认负。以下黑方有两种应法:①士 5 进 6,马二进四,马 4 退 6,车四进三,将 6 平 5,车四进一再兵七进一成绝杀,红胜;②将 6 平 5,马二进三,将 5 平4,车四平六吃死马,红亦胜定。

第53局　疏于防范　加速败局

双方以仙人指路对卒底炮转顺炮开局,这是"西乡引进杯"全国象棋个人锦标赛第二阶段淘汰赛第 1 轮之战。如图 53-1 已是弈完 41 个回合时的残局形势。此时红方车马兵单缺相对黑方车马卒单缺士,子力完全相等,但黑方缺士,红方略占上风,因此双方须进一步较量残局功夫,红方先行:

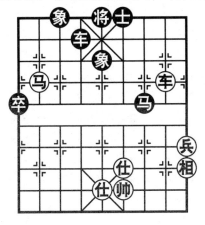

图 53-1

42. 兵一进一　马 7 进 5

黑方进马错失和机,应改走马 7 进 9 吃兵,红车二退二,则黑车 4 平 9,红方无法取胜。

43. 车二退二　车4平2	44. 马八进六　车2平4
45. 马六退八　车4平2	46. 马八进六　车2平4
47. 马六退八　车4进2	48. 马八进七　车4退2
49. 马七退八　马5退3	

黑方"两打对一打",只有变着。

50. 兵一进一　车4进2	51. 马八进七　车4退2
52. 马七退八　车4进2	53. 马八进七　车4退2
54. 马七退八　车4平2	55. 车二进一　车2进1
56. 兵一进一　马3退4	57. 马八退六　象5进3
58. 车二退一　车2进1	59. 兵一平二　车2平5

黑方平车占中,伏车5进1兑车,下风求和。

60. 马六退四　车5进1	61. 车二退二　车5平6
62. 马四退六　象3退5	63. 兵二进一　卒1进1
64. 兵二进一　马4进3	65. 马六退八　卒1平2
66. 兵二平三　马3进5	67. 车二平五　马5退6
68. 车五平三　马6进8	

黑方应改走马6退7换兵,车三进五,车6进2,车三退四,卒2进1,马八退六,车6平4,马六退八,红马受困,仍难取胜。

69. 车三平二　马8退6	70. 车二平三　马6进4
71. 车三平六　马4退6	72. 车六进五　卒2进1
73. 马八退七　车6平8	74. 马七进六　车8进4
75. 帅四退一　车8进1	76. 帅四进一　车8退1
77. 帅四退一　车8进1	78. 帅四进一　马6进8
79. 车六退五　车8退1	80. 帅四退一　车8退1
81. 帅四进一　车8进1	82. 帅四进一　车8进1
83. 帅四进一　马8退6	84. 车六平三　车8退1
85. 帅四退一　车8进1	86. 相一退三　车8退4
87. 车三进三　马6退7	

黑方如不用马换兵,改走车8平6,红则相三进五,卒2平3,马六进七,此时红兵逼近九宫,马登相头佳位,黑防守更加困难。

88. 车三进二　卒2平3	89. 马六进四　车8平6
90. 马四退二　车6退1	91. 相三进五　车6平5
92. 马二进三　车5进3	

黑方吃相疏于防范,加速败局。黑方应改走车 5 平 7 兴许还有和望。

　93. 马三进四　车 5 退 4　　**94.** 车三平四　士 6 进 5

黑支士无奈。黑方如改走卒 3 平 4,则红马四进三,黑亦难应付。

　95. 车四平五　将 5 平 6　　**96.** 马四进二　车 5 平 7

　97. 车五平四　将 6 平 5　　**98.** 马二退四　车 7 进 6

　99. 帅四进一　车 7 退 1　　**100.** 帅四退一　车 7 进 1

　101. 帅四进一　将 5 平 4　　**102.** 车四进一　将 4 进 1

　103. 车四平七

黑方失去士象,红胜定。

第四节　车兵对车卒的较量

　车兵对车卒的较量,首先看双方兵卒的多少,多者占优;其次看双方是否缺士(仕)象(相),有象(相)缺士(仕)者为劣,反之为优;第三看双方兵卒的位置,逼近九宫者为优,反之为劣。

第 54 局　双兵巧渡　形成例胜

　双方以中炮对左炮封车转半途列炮列阵,如图 54 - 1 已是弈完第 57 回合的残局形势,这是"西乡引进杯"全国象棋个人锦标赛 B 组第 5 轮之战,轮红走子。此时红虽多双兵,但黑车严守河沿,乍看红兵难以渡河助战,且看红方入局技巧:

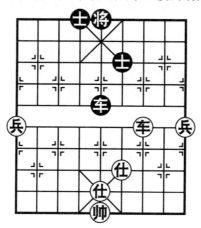

图 54 - 1

58. 帅五平四　……

红方出帅,着法老练!红方如改走车三进五,将 5 进 1,车三平六,车 5 进 1,

黑必得一兵,红方取胜尚有难度,和局概率增加,红方不能接受。

58. ……　　士6退5　　**59. 车三进五**　士5退6

60. 车三平一! 士4进5

黑如改走车5进1,则兵九进一,车5退1,车一退四,黑若兑车,形成双兵例胜双士的实用残局;黑若不兑车,则局势发展同实战。

61. 车一退四　车5进1　　**62. 兵九进一**　……

红兵顺利渡河,黑方败局已定。

62. ……　　车5平1　　**63. 仕五退六**　车1平6

64. 帅四进一　车6平4　　**65. 兵九进一**　车4进4

66. 车一平八　车4退1　　**67. 仕四退五**　车4退5

68. 兵九平八

至此,红车双兵必胜车双士,余着从略。

第五节　车兵对车炮的较量

车兵对车炮,如果双方都是士(仕)象(相)全,除典型局例能取胜外,用车换炮就能成和;如果车炮方有兵(卒)过河,士(仕)象(相)齐全,或者车兵方缺士(仕)象(相),则车炮方必胜;如果车炮方虽有兵(卒)过河,但有象(相)无士(仕),车兵方也有机会,看形势决定胜、负、和。

第55局　帅控将门　黑有隐患

双方以飞相对仙人指路开局,这是"伊泰杯"全国象棋个人锦标赛预赛阶段第7轮的实战。如图55-1已是双方弈至第56回合进入残局阶段的形势,轮黑走棋。按常规来说单车士象全可以守和车炮仕相全,但现在红车帅控制黑将门,黑阵存在隐患,红有巧胜机会,且看许银川的精彩表现:

56. ……　　车9平6　　**57. 炮四平二**　车6退1

58. 炮二退四　车6平8　　**59. 炮二平八**　车8平2

60. 炮八平九　车2平1　　**61. 炮九平八**　车1平2

62. 炮八平九　车2平1　　**63. 炮九平八**　车1平2

64. 炮八平九　车2进1

黑方长吃红炮违例,只好变招。

65. 炮九进五　车2退5　　**66. 炮九退四**　车2进4

67. 炮九进四　车2退4　　**68. 炮九退四**　车2进4

69. 炮九进四　车2退4　　**70. 炮九退四**　……

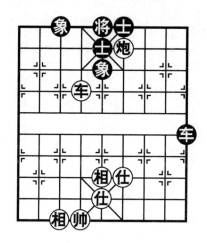

图 55 - 1

如此循环,黑方又要面临必须变着的选择。

70.…… 象 3 进 1　**71. 炮九平五** ……

至此形成红方例胜的典型局面。

71.…… 象 1 进 3　**72. 车六进一!** ……

红方好棋! 抓住黑阵弱点,准备破象。

72.…… 车 2 平 1　**73. 车六平七**

黑必丢象,红胜。以下黑如车 1 平 4,则红帅六平五,车 4 进 4,车七进二,车 4 退 4,车七退四,红方得象胜。

第 56 局　兵贵神速　黑被绝杀

双方以仙人指路对卒底炮开局,这是"伊泰杯"全国象棋个人赛男子组决赛第 2 轮的实战。双方弈至第 73 回合时如图 56 - 1,轮黑走棋,进入红方必胜的残局阶段,但红方的光杆帅会随时遭到黑方车卒联合攻杀。如何在黑卒未达九宫前给予致命一击,是对红方攻守兼备能力与技巧的严峻考验,请欣赏洪智特级大师取胜的精彩片段:

73.…… 车 5 平 8　**74. 车六平七** 车 8 进 2

75. 车七进六 将 4 进 1　**76. 兵四进一** 车 8 退 1

77. 车七退三 将 4 退 1　**78. 炮二平一** 将 4 平 5

79. 帅六平五 ……

红方帅平中路助攻,是残局常用的攻杀手法。

79.…… 将 5 平 6　**80. 兵四平三** 车 8 进 5

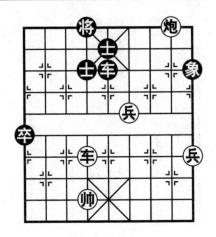

图 56 - 1

81. 帅五退一　车8平7　　　**82.** 兵三平二　车7进1

83. 帅五进一　车7退1　　　**84.** 帅五退一　车7退6

黑方退车布置防线,防红兵二进一,也是此时黑方的防守要着。

85. 车七平四　将6平5　　　**86.** 兵二平三　车7平5

87. 帅五平四　将5平4

黑方如改走车5平6兑车,也守不住红炮与双兵的攻势,黑亦败定。

88. 车四平九　卒1平2　　　**89.** 车九进三　将4进1

90. 炮一退一　士5退6　　　**91.** 车九平四　……

红方车砍底士为红兵的进击铺平道路。

91. ……　　　　卒2平3　　　**92.** 车四退六　……

红方退车兵林,攻不忘守,细腻之着。

92. ……　　　　将4退1　　　**93.** 兵三平四　将4平5

黑方应改走士4退5,防红兵进击,方为此时的防守正着。

94. 兵四进一　车5进2　　　**95.** 兵四平三　士4退5

96. 炮一进一　将5平4　　　**97.** 车四平八　将4平5

98. 兵三进一　卒3平4　　　**99.** 兵三平四!　士5退4

100. 车八平四　卒4进1　　　**101.** 兵四平三!

黑被绝杀!

第六节　车兵对车马的较量

如果双方士(仕)象(相)全,车马方有兵(卒)助战则可胜;如果车兵(卒)方多兵(卒),车马方能否获胜,看形势而定。

第57局　入局技巧　极富启迪

如图 57-1,是全国象棋团体赛阎文清与尚威以中炮直横车对屏风马两头蛇布阵战至第 30 回合时的局面,现轮红方走子。此时形成车士象全对车马的残局,因有两个对头兵卒,红方胜势。且看红方以富有启迪性的着法走向胜利。

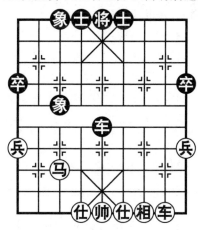

图 57-1

31. 仕四进五　……

红方此手如随手走仕六进五,则车 5 平 3,车二进二,车 3 进 1,红方要想取胜颇为困难。

31. ……　　　车 5 平 7　　　**32.** 马七进五　车 7 进 1

33. 马五进四　车 7 平 9　　　**34.** 马四进六　士 4 进 5

35. 车二进五　……

利用黑车扫兵之机,红方中马盘旋而上,占据要位;红方现进车捉象,迫使黑车撤离兵线,次序井然。

35. ……　　　车 9 退 2　　　**36.** 马六进七　将 5 平 4

37. 车二进一　车 9 平 4　　　**38.** 车二平九　……

红车去卒,形成胜势残局。以下红方的入局技巧富有启迪性,可供借鉴。

38. ……　　　车 4 退 2　　　**39.** 车九平七　象 3 退 5

40. 兵九进一　卒 9 进 1　　　**41.** 兵九进一　车 4 进 2

42. 兵九进一　士 5 进 4　　　**43.** 车七平四　士 6 进 5

44. 兵九平八　车 4 平 3　　　**45.** 兵八平七　卒 9 进 1

46. 马七退八	象 5 退 7	**47.** 兵七平六	车 3 退 2
48. 车四退二	卒 9 进 1	**49.** 车四退一	车 3 平 2
50. 马八退六	象 3 进 5	**51.** 车四平一	将 4 平 5
52. 车一平九	车 2 平 3	**53.** 马六进四	将 5 平 4
54. 仕五退四	象 5 退 3	**55.** 车九平三	象 3 进 5
56. 车三平八	象 5 退 3	**57.** 马四进二	……

红进马踩象,借机调位,是迅速入局的好棋。

57. ……	象 7 进 5	**58.** 马二进四	将 4 进 1

黑方如改走将 4 平 5,则车八平二,将 5 平 6,马四退三,将 4 平 5,马三退五,将 5 平 4,车二进六,将 4 进 1,马五进七,红方胜定。

59. 车八平五	将 4 退 1	**60.** 车五平二	象 5 进 7
61. 车二进六	将 4 进 1	**62.** 车二退二	车 3 平 1
63. 马四退五			

至此红方必得黑象,黑方认负,红胜。

第 58 局　不甘和棋　求变勉强

如图 58-1,是全国象棋个人赛庄玉庭对于幼华弈完 51 回合时的局面,现轮红方走子。此时黑方边卒渡河,车马单缺象,子力占优;红方车双兵左右配合控制黑马出路子力占位较好,黑欲求胜有一定难度。

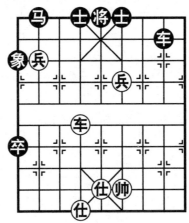

图 58-1

52. 车六平五	士 6 进 5	**53.** 车五平六	……

红方平车控马,伏兵八进一拱死马手段。

53.……　　　　士 5 进 6

黑方不愿落士,双方不变作和,心理十分矛盾;欲胜费事,和棋心不甘,为了救马而弃士,勉强求变,十分冒险。

54. 兵四进一　马 2 进 4　　**55.** 车六进三　象 1 进 3

56. 仕五进四　马 4 退 6　　**57.** 车六退四　卒 1 进 1

58. 车六平五　士 4 进 5　　**59.** 帅四平五　将 5 平 4

60. 兵八平七　象 3 退 5

黑方送象无奈,否则红车五平八即有杀势。

61. 兵四平五　马 6 进 5　　**62.** 车五进四

至此,黑方已难抵挡,结果红胜。

第七节　有车对无车的较量

泛指车对马炮或双炮而言。车方有兵助攻,对方缺士(仕)象(相),车方有胜机,若士(仕)象(相)全可成和;还有其他多种情形,都要看具体形势而定。

第 59 局　随手吃马　痛失好局

如图 59-1,是全国体育大会"滕头杯"象棋赛第 5 轮东道主邱东与湖北柳大华以顺手炮布局对垒战完 47 个回合时的局面,现轮红方走子。由于第 45 回合时黑方随手吃马而痛失好局,此时棋就难下了。且看黑方以马换兵以求和机、红方沉车牵象形成胜势的精彩过程。

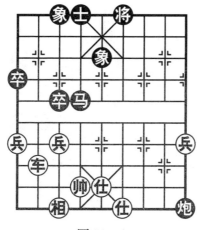

图 59-1

48. 车八平四　将 6 平 5　　**49.** 车四进一　士 4 进 5

50. 车四平六　马4退6　　**51.** 相七进九　炮9平7

52. 兵一进一　炮7退5　　**53.** 车六进三　马6进5

54. 车六退二　马5进7　　**55.** 车六平三　马7退9

黑方弃马换兵,以求一线和望。黑方如改走马7进5,则兵七进一,卒3进1,车三平七,红方可保存两兵,黑方亦难求和。

56. 车三平一　卒1进1　　**57.** 车一进五　士5退6

58. 车一退四　士6进5　　**59.** 仕五退六　士5退6

60. 车一平二　士6进5　　**61.** 帅六平五　将5平4

62. 车二进四　炮7退4　　**63.** 车二退一　将4平5

64. 车二平三　炮7平6　　**65.** 车三平四　炮6平7

66. 车四退二　炮7进4　　**67.** 车四平九　将5平6

68. 车九进三

红方沉车,牵制底象,欲硬冲七路兵后,消灭1路黑卒,形成必胜之势。至此,黑方无力抗衡,认负。

第60局　摆脱牵制　巧妙获胜

如图60-1,是第26届"五羊杯"全国象棋冠军邀请赛第5轮广东与重庆两位特级大师的一局争斗。双方以五九炮过河车对屏风马平炮兑车布阵战至第56回合时的盘面,现轮黑方走子。此时形成黑方车卒士象全可胜红方马炮双仕的残局,须严防红方以马兑卒形成例和。

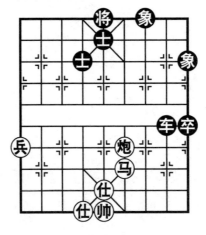

图 60-1

56. ……	车8平6	**57.** 炮四平五	将5平6
58. 炮五平二	车6进1	**59.** 炮二退三	将6平5
60. 炮二平四	车6平1	**61.** 仕五进六	卒9进1
62. 仕六进五	士5进6	**63.** 帅五平六	士4退5
64. 炮四平二	将5平4	**65.** 帅六平五	卒9进1
66. 马四退二	车1平6	**67.** 马二退四	卒9平8
68. 炮二平一	车6平9	**69.** 炮一平三	卒8进1
70. 炮三进四	……		

红如改走马四进三,则车9进3,炮三平四,卒8平7,黑亦胜势。

70. ……	卒8平7	**71.** 马四进三	车9平7

红方跳马咬车兼捉黑卒,计划以弃马换来炮牵车卒的局面,力争谋和,称得上煞费苦心;黑方平车捉双,接受红方弃子,亦势成必然。

72. 炮三平九	车7进1	**73.** 炮九退三	……

红方退炮牵车卒,进入预先设定的局面,且看黑方如何摆脱牵制巧妙获胜。

73. ……	将4平5	**74.** 帅五平六	士5退6
75. 炮九平八	车7退1	**76.** 炮八平九	将5进1
77. 炮九平八	车7平2		

黑方平车摆脱牵制,算准弃卒后可破仕获胜!妙招!

78. 炮八平三	车2进3	**79.** 帅六进一	将5平4
80. 仕五进四	车2退2		

红如接走炮三进一,则车2进1,帅六退一,车2平6,黑方得仕胜定。

第八节　多一子类的较量

多一子的较量有多种情形,如果双方局势平稳,当然多子占优;如果局面呈搏杀势或者多兵(卒)、缺士(仕)象(相)等,就要依具体形势而定。不一定多子方必胜,以少胜多的情形也屡见不鲜。

第61局　临杀勿急　车点死穴

如图61-1,是中国曲阜国际孔子文化节暨象棋联谊赛周小平对赵鑫鑫以五六炮边马对屏风马挺7兵开局,弈完42个回合时的局面。请欣赏红方"临杀勿急"的残局技巧:

43. 车七平六　将5进1

红方如贪马八退七造绝杀,反遭黑马1退3,帅五平四,车5平6抢先成杀,

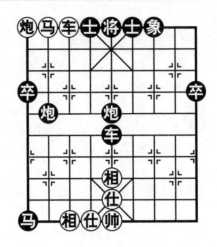

图 61-1

黑速胜。

44. 车六平四!　……

攻守兼备、临杀勿急的好棋!

44. ……　炮2退3　　**45.** 炮九退一　将5进1

46. 帅五平四!　……

红方出帅催杀,次序井然!

46. ……　将5平4　　**47.** 车四平七!

红方轻拨四路车,点黑死穴,绝杀,红胜。

第62局　战术精妙　联杀入局

如图62-1,是MMI世界象棋大师赛厦门汪洋对广西陈建昌战至第35回合时的残局盘面,轮黑走棋。此时黑方虽多一炮但缺双象,红方兵进九宫,车马占据要道,攻势凶猛。请看红方以车马兵组合战术联杀入局的精彩片段:

35. ……　炮6退1　　**36.** 马七退九　……

红方如误走车七进一吃马得子,则黑炮6平3,车七进一,车4平1杀去边兵,成官和。

36. ……　马3退1　　**37.** 车七平九　将6平5

38. 车九平三!　车4平1　　**39.** 车三进三　士5退6

40. 马九进七　炮6平4　　**41.** 马七退六　车1平6

42. 车三退一!　……

红方退车捉炮,着法精警,车马兵联杀战术运用得十分精妙!

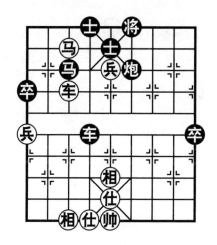

图 62-1

42. ……	士 4 进 5	43. 兵五进一	士 6 进 5
44. 车三平五	将 5 平 4	45. 马六进八	马 1 进 3
46. 车五退一	马 3 退 2	47. 仕五进六	车 6 退 4
48. 马八退六	炮 4 平 1	49. 相五进七	车 6 退 1

红方先退马、后扬相，防止黑炮平中叫将，次序井然。

| 50. 车五平六 | 炮 1 平 4 | 51. 车六平八 | |

红胜。

第 63 局　唯一战机　杀法精妙

如图 63-1,是天祥房地产南北特级大师对抗赛胡荣华对陶汉明弈至第 23 回合时的枰面,已进入残局阶段,轮黑走棋。此时黑方虽多一炮,但红方有冲边兵捉死黑炮的棋,黑若退 7 路车吃兵,再顺势扫去中兵与边兵,当然是和棋一盘。请看黑方紧握一丝战机,演绎"将军脱袍"的精彩一幕:

23. ……　　　车 7 进 2

黑方进车吃相,是此局面下争胜的唯一战机。黑方如改走车 7 平 8,则兵一进一,炮 9 平 8,车四退二,车 2 进 6,车四平五,炮 8 进 4,兵三进一,车 8 平 4,车三平七,车 2 平 1,车七退二,车 4 退 7,车七退三,卒 1 进 1,兵三进一,形成互缠,鹿死谁手尚难预料。

24. 兵一进一　车 2 进 6　25. 兵一进一　……

红方如改走车四退五,则黑炮 9 退 2,相七进五,车 7 平 9,车三退一,象 7 退 5,黑炮脱离险境占优。

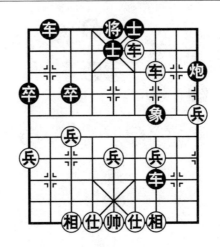

图 63 - 1

25. …… 车 2 平 5 **26. 仕六进五** 士 5 进 6！

黑方"将军脱袍"，精妙！至此，红方难逃厄运。

27. 车三平四 车 5 进 2 **28. 帅五平六** 车 5 进 1

29. 帅六进一 士 6 进 5 **30. 后车退六** ……

红方如改后车平二，车 7 退 1，帅六进一，士 5 退 6！解杀还杀，黑方胜定。

30. …… 车 5 平 3 **31. 仕四进五** ……

红方如改走后车平五抢杀，则黑车 3 退 1，帅六进一，车 7 退 2，车五进一，车 3 退 1，帅六退一，车 7 平 5，抽车后，黑方胜定。

31. …… 车 3 退 1 **32. 帅六进一** 车 3 退 1

33. 帅六退一 车 7 平 2

黑方形成"双车错"的绝杀之势，黑胜。

第 64 局 藩篱尽毁 战斗惨烈

如图 64 - 1，是第 3 届全国体育大会"浦发银行杯"象棋赛卜凤波对苗利明战至第 36 回合时的局面，现轮黑方走子。此时黑方虽多一子但藩篱尽毁，可见战斗之惨烈。下面请欣赏黑方精妙的残局攻杀和迅速入局的表演。

36. …… 马 3 进 2 **37. 车八平四** 炮 7 平 6

38. 炮五平六 车 3 进 7 **39. 仕五退六** 马 2 进 4

40. 帅五进一 前马退 6 **41. 帅五退一** ……

红方如帅五平四，则车 3 退 1，帅四进一（如仕四进五，马 6 进 8 双将立杀）！车 3 退 1，帅四退一，马 6 进 4，帅四平五，后马进 6，帅五进一（若帅五平六，则车

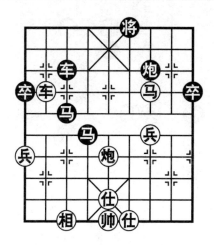

图 64－1

3 进 1 杀),马 4 进 5,炮六退一,车 3 平 4 连杀,黑胜。

41.…… 　　马 6 进 7　　**42. 车四退五** 　　……

红如帅五进一,则车 3 退 1,炮六退二,马 4 进 3 杀,黑速胜。

42.…… 　　马 4 进 6　　**43. 马三进二** 　将 6 进 1

44. 马二退四 　马 6 进 4

黑胜,杀法微妙,很是精彩!

第 65 局　当机立断　暗藏杀机

　　如图 65－1,是"启新高尔夫杯"全国象棋甲级联赛程进超对陈富杰以中炮直车进三兵对屏风马挺 3 卒开局战至第 50 回合时的局面,现轮黑方走子。此时黑方多一炮,红方双兵携手渡河,对比之下黑方稍好走,且看双方残局功力的较量。

　　50.…… 　　炮 1 退 2　　**51. 兵六平五** 　炮 1 平 5

　　52. 相三退五 　马 6 进 8　　**53. 兵七平六** 　炮 5 平 6

　　54. 马四退三 　车 9 进 3

　　黑方如改走马 8 进 7 兑马,则相五进三,形成车炮双士单缺象对车双兵双相单缺仕的残局,和势甚浓。

　　55. 仕五退四 　马 8 进 9　　**56. 车七进一** 　车 9 平 8

　　57. 相九退七 　　……

　　红方落相稳健,如改走车七平一捉马,则马 9 退 7,车一进六,炮 6 退 2,车一平三,马 7 进 5,黑方攻势强大。

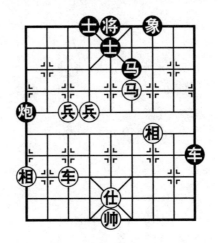

图 65－1

57. ⋯⋯　　　炮 6 退 2　　**58.** 车七平四　马 9 退 7

59. 车四平三　士 5 进 6

黑方支士借炮使车,急躁! 黑方应改走象 7 进 5 使马生根,慢图进取为宜。

60. 兵五平四　马 7 进 9

红方献兵,解捉还捉,巧妙! 黑方进马无奈,如走炮 6 进 4 去兵,则红马三退五捉双,黑方失子。

61. 车三平一　车 8 退 4　　**62.** 兵四进一　士 4 进 5

63. 兵六进一　象 7 进 9

黑方飞边象,继而象 9 进 7 顶红方马头,寻找进取机会,但红方已兵临城下,令黑亦有顾忌,因此,黑方此手应果断改走马 9 退 8 邀兑马及时收兵方为明智之举。

64. 兵四进一　⋯⋯

红方以兵换士当机立断,算准可尽快入局。

64. ⋯⋯　　　士 5 进 6　　**65.** 车一平五　将 5 平 4

黑方如改走士 6 退 5,则马三进四,车 8 退 4,兵六进一,红方亦胜势。

66. 相五退三!　⋯⋯

黑方将军脱袍,暗藏杀机,黑势已危!

66. ⋯⋯　　　士 6 退 5　　**67.** 车五进五　车 8 退 3

68. 马三进四

至此,红胜。

第66局　将计就计　妙手入局

如图66-1,是全国象棋个人赛第9轮陈启明与徐超以起马对进卒布阵,鏖战至第36回合时的形势,现轮黑方走子。此时红方正弃车企图先弃后取,形成有利残局。岂料黑方将计就计,妙手入局:

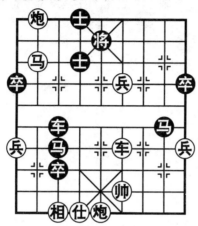

图 66-1

36.……　　　马8进6

黑方接受弃车,自有妙手在胸。

37.相七进五　马3退5!

黑方回中马垫将,精妙!

38.马八退六　……

无奈。红方如改走相五进七去车,则马5进7,帅四退一,马7进8,帅四进一,马6进8,黑方利用将占中路,双马饮泉,妙胜。

38.……　　　马6进8　　39.帅四退一　车3进1

40.炮五进四　车3平6　　41.帅四平五　车6退3

"一车十子寒"。黑方有车,胜局已定。

42.马六退七　将5平6　　43.仕六进五　马8退6

44.炮八退五　马6进7　　45.帅五平六　马7退5

红方认负。红方见到黑方车、马、卒兵临城下,难以应付,主动停钟投子。

第67局　战法消极　超时致负

如图67-1,是"环球药业杯"全国象棋个人赛第1轮董旭彬与特级大师赵国荣以飞相局对挺7卒开局战至第32回合时的局面,现轮黑方走子。此时黑方少子,红方缺双相且少一兵,形势平稳,应认定红方取胜机会较多。

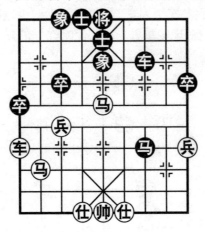

图 67 - 1

32. ……   卒 3 进 1

黑方进卒邀兑,欲稳中求和,可改走马7进5,以攻带守则更为积极。

33. 车九平四   车 7 进 2   34. 马八进六   卒 3 进 1

35. 马五退七   士 5 进 4

黑方扬士防守不如先马7进9窥槽,既摆脱牵制,又能进攻,以后再伺机支士。试演如下:马7进9,马七进八,马9进7,车四退二,士5进6,红车受制,取胜困难。

36. 马七进六   车 7 退 2   37. 前马进四   将 5 进 1

38. 马六进五   马 7 进 9   39. 马五进六   车 7 进 4

40. 车四退二   卒 9 进 1   41. 马四退五   车 7 平 9

42. 马五退三   车 9 平 4   43. 马六退五   ……

红方应走马六退七更佳。

43. ……   象 5 进 7   44. 车四平二   车 4 平 8

45. 车二平七   象 3 进 5   46. 马五进四   将 5 平 6

47. 车七平四   将 6 平 5   48. 马四退三   车 8 平 7

49. 前马退五   ……

红方应前马进二更好。

49. ……   象 5 进 7   50. 仕六进五

黑方超时作负。至此黑方虽吃去红方边兵,但士象被毁,若时间充足也难免一败。

第68局　解杀还杀　精妙无比

如图68-1,是第2届河北省象棋名人战苗利明对宋海涛弈完43回合的形势,轮红走子。面对黑方车8进7的攻杀,苗大师施展精湛的中残功夫,以精妙的"解杀还杀"夺得胜利。

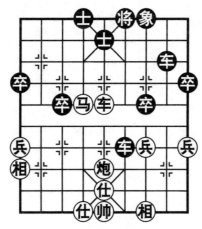

图68-1

44. 炮五平四　将6平5　　**45.** 炮四平八　将5平6

黑出将解杀心存侥幸,执迷车8进7的凶着。黑方应改走车8平2拦炮,以下:炮八平五,将5平6,车五平三,象7进9,虽损一卒,尚能周旋。

46. 炮八进七　将6进1　　**47.** 炮八退一　士5退6

黑方如改走将6退1,则车五平三,象7进9,炮八进一,将6进1,车三进三,将6进1,炮八退二,车8进7,马六进七,士5进4,马七进六,士4退5,车三平四,红速胜。

48. 马六进五! 　车8进7　　**49.** 马五进六　将6进1

50. 炮八平四! 　……

红方平炮解杀还杀,精妙无比!

50. ……　　　　车8平7　　**51.** 仕五退四

黑方无解,红胜。

第九节　车马炮类的较量

三大子之间的较量,影响胜负的因素很多,例如兵种结构、子力占位、士(仕)

象(相)是否齐全、兵卒的多少、将帅的位置等。总之,必须看具体形势而定。

第69局　喂兵欺马　惟妙惟肖

双方以飞相局对仙人指路布阵,弈至第18回合时如图69-1,这是"伊泰杯"全国象棋个人赛第1轮之战,轮黑走子。盘面双方子力差不多,将步入残局,而红方把二路夹车炮杀法演绎得淋漓尽致。精彩异常。

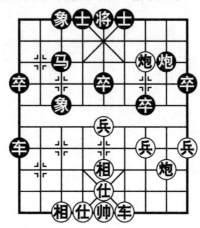

图 69-1

18.……　　　象3退5　　**19.** 车四进八　马3进4

黑马盘河,看似无可非议,但左翼较空虚,还应改走车1退2策应左侧较为稳健。红如接走炮三平七,则炮8平3,炮二进七,士6进5,帅五平四,士5进6,黑无大碍。

20. 炮二进四　士6进5　　**21.** 兵五进一!　……

红方喂兵惟妙惟肖! 以下可见。

21.……　　　卒5进1　　**22.** 车四平二　……

红若走炮二平五,则卒5进1,车四平二,将5平6,车二退一,红虽可得子占优,但远不如实战来得精彩。

22.……　　　炮8平9　　**23.** 车二进一　象5退7

黑如误走士5退6,即炮二平五速杀。

24. 车二平三　士5退6　　**25.** 炮二进三(红胜)

因红下伏车三退一再车三平二绝杀,很精彩!

第70局 进炮退炮 赢得巧妙

如图 70-1 是第 10 届世界象棋锦标赛第 1 轮之战,双方以对兵局布阵弈至第 36 回合时的残局形势,轮黑走子。此时黑方缺象,最忌炮攻,且看红方入局的上佳表演:

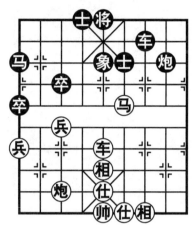

图 70-1

36.……　　　　士 4 进 5

黑方如改走车 7 平 5 保象,则红车五平二,炮 8 退 1,马四进五,车 5 进 1,车二进五,黑亦丢象。

37. 马四进五　炮 8 平 5　　38. 车五进四　马 1 进 2

39. 车五退四　车 7 进 2　　40. 炮七平九　车 7 进 1

41. 炮九进四　马 2 进 3　　42. 炮九进二!……

此局面下的获胜巧手!

42.……　　　　车 7 平 1　　43. 炮九平五　士 5 进 4

44. 炮五退一!……

红方如误走车五平七吃马,则黑车 1 平 5,车七平六,车 5 退 2,车六进三,士 4 退 5,车六平七,车 5 平 1,捉死红边兵,和定。

44.……　　　　车 1 进 2　　45. 车五平六　马 3 进 2

46. 车六进四　车 1 平 5　　47. 炮五平一　马 2 退 3

48. 车六退一

黑方投子认输。

第71局 左右夹击 一鼓作气

如图 71-1,是"中视股份杯"年度象棋总决赛半决赛吕钦与赵国荣大战 49 个回合形成的盘面,现轮红方走子。此时双方大小子完全均等,黑车正捉红炮,且看红方如何应手:

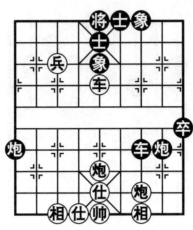

图 71-1

50. 炮三进八! ……

红方猝然弃炮轰象,平地惊雷! 是一举攻破黑方阵线的关键之手。

50. …… 车7退6

黑方如改走象 5 退 7,则车五平九,士 5 退 4,相三进一,卒 9 平 8,兵七平六,炮 8 进 3,帅五平四,红方空心炮威力颇大,黑难抵御。

51. 炮五进五 士 5 进 6   **52.** 兵七进一 车 7 进 9

53. 仕五退四 炮 8 进 3   **54.** 帅五进一 车 7 退 1

55. 帅五进一 车 7 退 2   **56.** 炮五平九 士 6 进 5

红方平炮侧击,杀法敏锐。

57. 炮九进二 将 5 平 6   **58.** 车五平二 车 7 平 5

59. 帅五平六 将 6 平 5   **60.** 车二平六 将 5 平 6

红方改走车二进二亦胜。

61. 车六进三 将 6 进 1   **62.** 车六平三

红方车、炮、兵左右夹击一鼓作气,演成绝杀,黑方认负。

第72局　平炮侧击　难顾左右

如图72-1,是全国象棋个人赛第10轮苗永鹏对胡荣华战至第45回合的中残局面,现轮黑方走子。此时红方在物质力量和兵种配备上都占有优势,但黑方凭借子力占位的优势突然发动闪电般攻势:

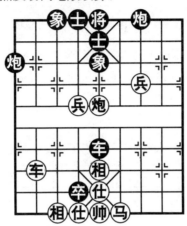

图 72-1

45.……　　　　炮 7 平 9

黑方平炮侧击,佳着!令红方左右难以兼顾。

46. 车八进二　车 5 平 4　　**47.** 兵六平七　炮 1 进 7

48. 马四进三　……

红如改走车八退四,则炮 1 退 4,红方不能长捉黑炮,局面艰难。

48.……　　　　车 4 平 3　　**49.** 车八平七　车 3 平 2

50. 车七平六　……

红如改走帅五平四,则炮 9 平 6,红也难应付。

50.……　　　　车 2 进 3　　**51.** 帅五平四　车 2 平 3

52. 帅四进一　车 3 退 5　　**53.** 炮五平六　炮 9 平 6

黑方平炮弃卒,精妙之着!

54. 车六退三　炮 1 退 5　　**55.** 马三进五　……

红方跃马败着。红方应改走炮六平九,则车 3 平 6,马三进四! 车 6 进 1,仕五进四,车 6 平 7,仕四退五,士 5 进 6,兵三平四,车 7 平 6,仕五进四,炮 6 进 3,车六进五,炮 6 进 4,形成车炮士象全对车炮单仕相的残局,红方尚有谋和机会。

55.……　　　　车 3 进 2　　**56.** 马五进七　炮 1 进 4!

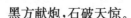

黑方献炮,石破天惊。

57. 车六平九　车3平6　　**58.** 仕五进四　车6平1

59. 仕四退五　车1进2　　**60.** 帅四退一　车1退5

61. 炮六进一　象3进1　　**62.** 兵三进一　象1进3

红方认负。

第73局　卒林献车　飞刀妙手

如图73-1,是全国体育大会"滕头杯"象棋比赛洪智与许银川以中炮直横车进中兵对屏风马双炮过河列阵弈至第22回合时的局面,现轮黑方走子。此时黑方虽多一子,但中防空虚,局势危险。实战中,黑方走出献左车的妙手,使局势转危为安。

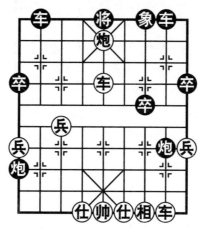

图73-1

22. ……　　　车8进3!

黑升车献车,精心策划的"飞刀"妙手!

23. 车五退三　……

红方如走车五平二吃车,则炮8平3! 黑方车双炮三子归边,形成二路夹车炮绝杀,以下红方唯有相三进五,则炮3平5,仕六进五(如仕四进五,则炮1进2;又如相五退七,则炮1平5,均为黑胜),车2进9,黑胜。

23. ……　　　炮1进2　　**24.** 帅五进一　车2进8

25. 帅五进一　车2退1　　**26.** 帅五退一　车2进1

27. 帅五进一　车2退6!　　**28.** 炮五平四　将5平6

29. 车二进二　车8退1

黑方双车联手成"霸王车",攻守兼备。由此,黑方控制局面,并保持多子优势。

30. 车二进一　车8进4　　**31.** 车五平二　车2平5

32. 帅五平六　将6进1　　**33.** 兵七进一　将6平5

34. 车二平六　炮1平6　　**35.** 帅六退一　车5进7

36. 车六进五　将5退1　　**37.** 车六进一　将5进1

38. 车六平三　车5退5　　**39.** 车三退一　炮6退8

40. 车三退二　炮6进1　　**41.** 车三平七　炮6进2

黑炮高炮,打死红过河兵,形成必胜局面。

42. 车七平一　炮6平3　　**43.** 车一平六　卒7进1

44. 兵一进一　卒1进1

红方认负。

第74局　车炮夹击　陷入困境

如图74-1是全国象棋团体赛第5轮金波对许银川弈至第38回合时的局面,现轮黑方走子。此时双方子力相等,且同为孤相(象)。红方虽多一兵,但右马受黑方6路卒制约,进攻兵力有限;黑方各子位置好、活动空间大,占优。但欲积小优为大优直至胜势又谈何容易?让我们来欣赏许银川是如何施展精湛残局技艺而获胜的。

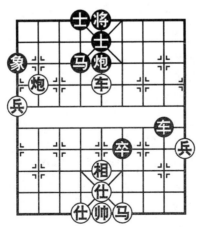

图74-1

38. ……　　象1退3　　**39.** 炮八进三　炮5平8

40. 兵九进一　炮8进2

红方升炮掀起波澜。红方如误走车五平二,则卒 6 进 1,红方立即溃不成军。

41. 兵九平八 ……

红方平兵对攻,过于勉强。此着应改走炮八退七加强防守,虽居劣势,尚可支撑。

41. …… 炮 8 平 1 **42.** 马四进三 ……

红如改走车五平七策应左翼,则炮 1 平 5,红方中路吃紧,首尾不能相顾。

42. …… 车 8 平 7 **43.** 马三退一 车 7 平 3!

黑方佳着,诱使红方兑车,从而车占中路,施行车、炮夹击,红方将陷入极度困难境地。

44. 车五平七 车 3 平 5 **45.** 马一进二 ……

红方进马弃相,做最后一搏,实出无奈。

45. …… 车 5 平 8

至此黑方一举入局,胜法如下:

46. 马二退三 炮 1 平 5 **47.** 帅五平四 车 8 进 4
48. 帅四进一 炮 5 平 6 **49.** 仕五进四 卒 6 进 1

黑胜。

第75局 黑骑弃袭 抢先入局

如图 75-1,是"翔龙杯"电视快棋赛两位特级大师以士角炮对中炮列阵弈至第 42 回合时的局面,现轮黑方走子。此时双方大子均等,都有兵卒过河,实战中黑弃卒杀仕,继而黑骑奔袭,踏破帅府。

42. …… 卒 3 平 4

黑方弃卒破仕,先下手为强。

43. 车八平三 车 1 平 5

红方平车捉马大势所趋。红方如改走仕五进六去卒,则车 1 平 4,仕六退五,车 4 平 5,炮六进八,车 5 退 2 杀中兵,黑方占优。

44. 炮八进六 象 5 退 3 **45.** 车三进四 士 5 退 6
46. 车三平四 将 5 进 1 **47.** 车四退一 将 5 退 1

48. 车四平六 ……

红如改走炮六进九,则车 5 进 1,帅四进一,马 7 退 9,黑有"侧面虎"杀势,对此红难应付。

48. …… 车 5 进 1 **49.** 帅四进一 车 5 平 4

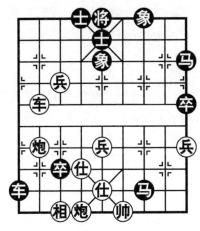

图 75-1

50. 兵七进一　马9进8

黑骑奔出如虎添翼,红方危在旦夕。

51. 车六平三　车4退1　　**52.** 帅四退一　马7退5

53. 帅四平五　车4进1　　**54.** 帅五进一　卒4进1

55. 帅五进一　马8进6

以下红帅五平四,则车4平6,抢先入局,黑胜。

第76局　御驾亲征　一招制胜

如图76-1,是"巨丰杯"第3届全国象棋大师冠军赛潘振波与蔡忠诚以仙

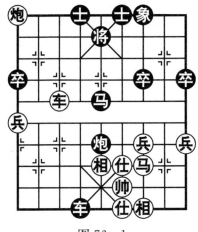

图 76-1

人指路对卒底炮布阵战至第33回合时的局面,现轮黑方走子。此时双方虽呈对攻态势,但红马呆滞,黑方车马炮位置颇佳,占据优势。且看黑方一招制胜的精彩表演。

33.……　　　将5平6!

黑方出将妙着惊人!红方经过思考发现如车七平五吃马,则黑车4退1,仕四进五,炮5平6闷杀黑胜;红方又如车七退四,则马5进4,车七平八,车4平5!不论红方如何应付,黑均有车5退1,再炮5平6的妙杀,故红推枰认负。

如果黑方将在三楼,红尚可炮九平四解救,双方还有复杂的争斗。

第77局　　兵破底象　恰到好处

双方以五七炮进三兵对屏风马挺3卒布阵,弈完46个回合形势,如图77-1。这是第6届"嘉周杯"象棋特级大师冠军赛第4轮之战,在步入残局红方仅多一兵的纠缠中,请欣赏红方破象老兵联合车、炮、兵的巧妙运用和精彩表演:

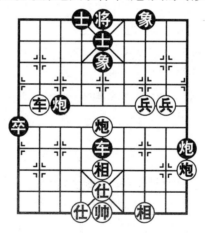

图 77-1

47. 车八平七　　车5退1
红方兑炮采取以多拼少的战术,取得多兵优势,通常能胜。

48. 车七退二　炮9退4		**49.** 兵三进一　车5平9
50. 炮一平四　车9平8		**51.** 兵二平一　车8平9
52. 兵一平二　车9平6		**53.** 兵二进一　炮9进2
54. 车七平五　卒1平2		**55.** 炮四平一　车6平9
56. 炮一平三　车9平6		**57.** 仕五退四　……

红方落仕调整阵形,不给黑方可利用的机会,不急不躁,着法老练!

57. ……	车6平8	**58.** 仕六进五	炮9平1
59. 炮三平一	炮1平9	**60.** 炮一平四	车8平6
61. 兵二进一	炮9平3	**62.** 炮四平一	车6平9
63. 兵二平三	车9退2	**64.** 车五进三	炮3退2
65. 炮一平三	车9进1	**66.** 前兵进一	炮3退1

67. 前兵进一!（图77-2）……

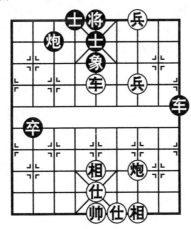

图77-2

红方兵破底象,恰到好处,令黑方左右为难。

67. ……　　　象5进3

黑方如改走象5退7去兵,红则炮三进七,黑方缺象怕炮攻,也难逃厄运。

68. 后兵进一	炮3进1	**69.** 后兵平四	车9退2

黑如改走车9平7,则红相五进三,车7进1,炮三平五,黑亦难应付。

70. 炮三平二	车9平8	**71.** 炮二平一	车8平9
72. 相五进三	炮3平1	**73.** 兵四进一!	炮1平5
74. 帅五平六!	车9退2	**75.** 炮一平五!	

至此黑方认负。以下黑有:①炮5进5,兵四进一杀,红胜;②车9平7,车五平六"铁门栓"绝杀,红胜。

第四章　马炮兵(卒)类残局的较量

在无车棋的战斗中,马炮兵(卒)残局在实战中最为常见和实用,也是最佳的兵种组合,用它们联攻的残棋,远比双马兵(卒)、双炮兵(卒)灵活好用。马炮兵(卒)联合进攻常用的杀着、冷着,如马后炮、槽马肋炮和借炮使马等,都是常用的战术技巧。因此,对形势的正确判断、制订战略战术是必须掌握的基本功。

第一节　马炮对马炮的较量

双方攻防变化较为繁复,如果一方多兵(卒)战斗力就增大,胜与和要做具体分析,没有固定形式。

第78局　弃卒抢攻　一气呵成

如图78-1,是全国象棋甲级联赛湖北李望祥与重庆谢岿交手40回合后的残局盘面。此时黑方仅多一卒之优,但临枰却弃卒抢攻,马、炮、卒一气呵成,招法实用,值得借鉴。现轮黑走子:

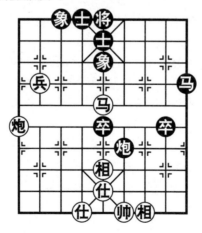

图 78-1

40. ……　　　　马 9 进 7

黑方跃马弃卒,胸有成竹,算度精确。

41. 炮九平二　马 7 进 8　　**42. 帅四平五**　　……

红方如改走帅四进一，则炮 6 退 2，仕五进六，马 8 进 7，伏马 7 退 6 照将抽子。

42. ……　　　马 8 进 7　　**43. 帅五平四**　炮 6 退 2

44. 炮二进一　卒 5 进 1　　**45. 炮二退一**　卒 5 平 6

46. 仕五进四　……

红方如改走炮二平四，则马 7 退 8，马五退六，卒 6 平 5，黑方得子，胜定。

46. ……　　　卒 6 进 1　　**47. 炮二平四**　卒 6 平 5

48. 炮四平五　马 7 退 6　　**49. 炮五平四**　马 6 进 4

红方让炮，黑卒 5 平 6 成"八角马"杀势，胜。

第 79 局　兵卒急进　比拼内功

双方以中炮边马两头蛇对左炮封车转半途列炮开局，弈完 42 个回合时如图 79-1，这是第 10 届世界象棋锦标赛女子组第 6 轮中国台北高懿屏对中国伍霞的关键之战，形成了马炮双兵单缺仕对马炮卒士象全的残局，双方各有顾忌，也都有机会进行内功的比拼。请看伍霞特级大师蚕食红仕、妙构绝杀的精彩片段：

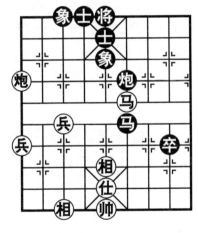

图 79-1

43. 炮九平六　……

红方平炮象眼，意在渡兵。其实改走炮九平五，阻挡黑炮平中，保孤仕不丢，仍是难分伯仲之局面。

43. ……　　　马 6 进 4　　**44. 兵九进一**　……

红方随手一着，导致失仕，应改走马四退六，不致丢仕。

44. ……　　　炮 6 平 5　　**45. 马四退六**　马 4 进 3

46. 帅五平六　炮 5 进 5　　**47.** 兵七进一　炮 5 平 9

48. 兵七进一　炮 9 退 7　　**49.** 兵九进一　卒 8 平 7

双方兵、卒急进，无意战和，非决出胜负不可！

50. 兵九平八　士 5 进 6　　**51.** 马六进四　卒 7 平 6

52. 马四进二　炮 9 平 4　　**53.** 炮六平五　士 4 进 5

54. 马二进四　将 5 平 4　　**55.** 炮五进二　马 3 退 4

56. 帅六平五　卒 6 进 1　　**57.** 兵七进一　……

红方进兵嫌急，应改走帅五平四阻卒前进为妙，以下黑如接走炮 4 进 4，则红炮五平四，炮 4 平 1(如炮 4 退 3，马四退二，黑方难胜)，相五进三，炮 1 进 4，相七进五，马 4 进 2，炮四退六，马 2 进 4，帅四平五，马 4 退 6，帅五进一，黑方马炮双象对红马双兵双相，互缠，黑取胜难度较大。

57. ……　　　　卒 6 进 1　　**58.** 兵七进一　炮 4 进 1

59. 马四退二　卒 6 平 5　　**60.** 帅五平四　马 4 进 6

61. 兵七进一　将 4 进 1　　**62.** 炮五平二　炮 4 进 7

绝杀！黑胜。

第80局　黑马换炮　当机立断

如图 80-1，是"西乡引进杯"全国象棋个人锦标赛广东两位特级大师庄玉庭对吕钦争夺前八名之战，双方以仙人指路对飞象局列阵战至第51回合时的局面，现轮黑方走子。此时黑方多两卒，已呈胜势。且看黑方干净利落的入局。

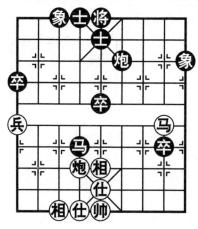

图 80-1

51.……　　　炮6平1　　**52.** 马二进三　象9进7

53. 炮六平九　马4进3　　**54.** 帅五平四　马3退1

黑马换炮,当机立断,乃搬倒树逮老鸹之狠招,算准炮三卒必胜单马仕相全,令红毫无还手之力。

55. 相七进九　卒5进1　　**56.** 马三退一　卒8平7

57. 马一进二　炮1进3

至此,黑方已形成例胜残局。

58. 马二退四　卒5平6　　**59.** 马四退六　卒6进1

60. 马六退八　卒1进1　　**61.** 马八进六　……

红方如改走马八进七,黑有炮1平6照将后,再卒1进1,红方欲踏死卒的计划落空。

61.……　　　象7退5　　**62.** 相五进七　象5进3

63. 马六退七　炮1平2

黑胜定,余着从略。

第81局　较量功底　先发制人

如图81-1,是"中视股份杯"年度象棋总决赛胡荣华与许银川争夺年度总决赛最后一张入场券之战,双方以对兵局布阵战至第55回合时形成残局形势,现轮黑方走子。此时黑方子力集中,且多一卒,而红方子力分散,在双方抢时间、争速度互斗残局功底的较量中,哪一方稍有不慎就有输棋的危险。

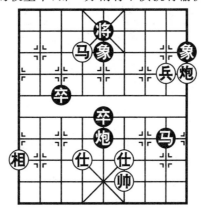

图81-1

55.……　　　炮5平6　　**56.** 帅四平五　……

红方只好忍痛弃仕,否则黑炮6退2,红更难应。

56. ……	马8进6	**57.** 马六退八	马6进7
58. 帅五退一	卒5进1	**59.** 相九退七	炮6平8
60. 帅五平六	炮8进3	**61.** 帅六进一	卒5进1
62. 兵二进一	炮8退1		

黑胜。

第82局　平帅捉卒　铸成大错

如图82-1,是第5届"嘉周杯"象棋特级大师冠军赛第1轮之战,双方以中炮巡河车对屏风马进3卒弈至第56回合的残局形势,轮黑方走子。此时双方强子相等,黑缺双象,应是红方稍好的局面,在进一步较量残局功夫中却是黑胜,着法如下:

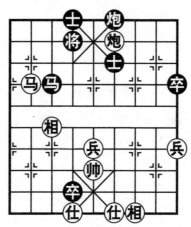

图82-1

56. ……	马3进5	**57.** 马八退六	……

红方回马正着。红方如误走兵五进一,则黑炮6平5,打死中兵,红方大损。

57. ……	炮6平5	**58.** 帅五平六	……

红方平帅捉卒,随手,铸成大错!致使丢马,应改走帅五平四,则黑马5进7,帅四退一,马7进8,帅四进一,马8进7,帅四退一,马7退8,帅四进一,马8退7,帅四退一,马7进9,黑方掠去红方一相一兵,十分满意,但战斗仍较漫长。

58. ……	马5退7	**59.** 炮四平三	马7退5

黑抓住红方的失误,巧擒红方一子,胜负的天平迅速向黑方倾斜。

60. 帅六退一	炮5进6	**61.** 炮三退六	马5进4
62. 炮三平一	炮5退3	**63.** 炮一进四	将4平5

64. 帅六平五　……

红方如改走相三进五解杀,则马4进3,帅六进一,炮5平4,红难应付,黑亦胜势。

64. ……	马4进5	**65. 相三进五**	马5进7
66. 帅五平四	炮5平6	**67. 仕六进五**	将5平4
68. 仕五进六	士6退5	**69. 炮一进二**	炮6退2
70. 兵一进一	将4进1	**71. 炮一退一**	炮6退1
72. 相五进三	将4退1	**73. 仕四进五**	马7退6

黑方退马将军抽吃炮,得子胜定。

第二节　双马对双马或双炮对双炮的较量

双马在残局时以双马饮泉杀为常见,而双炮可互为炮架,以重炮显威,它们在兵(卒)的配合下,联合攻杀而入局,是实战中经常出现的。

第83局　运马解围　精妙绝伦

如图83-1,是"伊泰杯"全国象棋个人赛男子组预赛阶段第5轮吕钦对张强以仙人指路对卒底炮开局鏖战92回合后的残局形势。此时红方二路马被捉,眼看在劫难逃,似乎要以和棋收场。请欣赏吕钦特级大师先手巧妙解围的精彩演出:

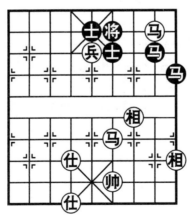

图83-1

93. 马四进五!　……

红方运马解围精妙绝伦!

93.……　　　马 9 进 8

黑如改走马 9 退 8 吃去红马,则红马五进三,将 6 退 1,兵五进一! 黑方双马重叠,无法应付红马三进二的绝杀!

94. 帅四退一　前马进 7　　**95. 帅四平五**　马 7 退 6

黑退马仅仅只能守住红马五进三的杀棋。

96. 兵五平四!

东方不亮西方亮,红马借帅力,用兵破士,再马五进六挂角构成绝杀,至此黑方认负。

第84局　三线控制　命悬一线

如图 84 - 1,是"启新高尔夫杯"全国象棋甲级联赛第 18 轮卜凤波对陶汉明以仙人指路对飞象开局战至第 80 回合时的局面,现轮黑方走子。此时黑方双炮卒双象无士对红方双炮单缺相在理论上应是和棋,但此局的实战结果却出现了黑方巧胜,耐人寻味!

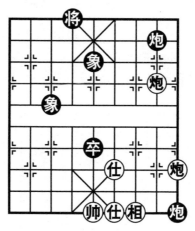

图 84 - 1

80.……　　　炮 8 平 5　　**81. 炮二退六**　卒 5 平 6

黑方平卒照将,好棋! 如改走炮 9 平 7 打相,则红仕四进五,黑方取胜难度增大。

82. 仕四进五　卒 6 进 1　　**83. 帅五平四**　炮 5 进 7

红方双仕被毁,二路底炮受牵,加之黑方右将左卒控制两肋,红方败象已露。

84. 炮一退一　炮 5 退 5　　**85. 帅四平五**　卒 6 进 1

86. 炮一进三　象 5 进 7

黑方飞象腾挪,伏炮5退2的凶着,形成4、5、6路三条纵线的完全控制,红帅命悬一线。

87. 炮一平六　将4进1!

至此,红方认负。因红方看到以下黑炮5退3,炮六退二,象3退5,帅五平六,卒6平5,炮六进二,炮5平4,红炮被打死后,欠行而负。

第三节　马炮对双炮或对双马的较量

马炮与相同兵种的较量,马炮结构无疑占上风,其结果与多兵(卒)或具体形势有关。

第85局　绞尽脑汁　谋划胜望

如图85-1,是"伊泰杯"全国象棋个人赛决赛第1轮之战,双方以中炮直横车对屏风马两头蛇弈完38回合的残局形势。此时双方子力大体相等,而马炮的兵种结构优于双炮,但仍属攻防力量为均势的残局,按照惯例可以握手言和,但由于本届个人赛首次实行了"3210"+"突然死亡法"新赛制,兵种结构占优的黑方,绞尽脑汁谋划仅有的一点点胜望。

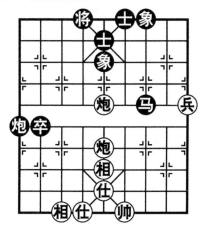

图 85-1

39. 前炮平九	卒2进1	**40.** 炮五平一	卒2平3
41. 炮九平四	炮1平6	**42.** 相五进三	马7退8
43. 兵一平二	马8进6	**44.** 兵二平一	卒3平4
45. 相三退五	卒4平5	**46.** 帅四平五	炮6平2
47. 炮一平二	炮2进4	**48.** 相五进七	马6退4

49. 炮二进二　卒5平4　　**50.** 相七退九　炮2退3

这一段黑卒在迅猛向中路挺进的同时，左马右移，集中子力于一翼，寻觅战机，耐心、细致！

51. 兵一进一　象5进7　　**52.** 炮二退一　马4进5

53. 炮二平五　炮2退3！

黑方战机闪现，退炮机警，准备向红边兵发难！

54. 兵一平二　马5退3　　**55.** 兵二进一　炮2退1

56. 炮四退一　象7进5　　**57.** 兵二进一　炮2退1

58. 兵二进一　……

红兵被打进底线，黑方胜望增大。

58. ……　　　　　象7退9　　**59.** 帅五平四　士5进6

60. 兵二平一　……

红如贪士走炮四进五，则黑炮2平6，帅四平五（若炮五平四，则士6退5，黑方丢炮），士6退5，炮五进四，将4平5，红方失炮输定。

60. ……　　　　　士6进5　　**61.** 炮四平二　象9进7

62. 炮二退一　马3进5　　**63.** 炮五平一　卒4平5

64. 兵一平二　象7退9　　**65.** 兵二平一　卒5平6

66. 炮一退一　士5进4　　**67.** 帅四平五　象5进7

68. 相七进五　炮2平5　　**69.** 相九退七　马5进7

红方双炮牵制黑方马卒，黑方为打破僵局，主动以卒换炮，谋求发展。

70. 炮一平四　马7进6　　**71.** 帅五平四　马6退8

72. 炮四退二　炮5平2

红方退炮护住四路线，子子生根，布成了定式和棋；黑方平炮，因新赛制的原因，和棋了仍要拼，这就要求红方以下必须应对准确。

73. 帅四平五　炮2进8　　**74.** 兵一平二　士4退5

75. 兵二平一　马8进7　　**76.** 兵一平二　马7退6

77. 炮四进一　炮2退9

黑方消灭红兵，再图进取。

78. 兵二平一　炮2平9　　**79.** 相七进九　将4进1

80. 相九退七　马6退5　　**81.** 炮四退一　马5进4

82. 仕五进六　马4进2　　**83.** 仕六退五　炮9平5

84. 帅五平四　象7退5　　**85.** 帅四平五　象5进3

86. 帅五平四　士5进4　　**87.** 相七进九　炮5平3

88. 帅四平五　将4平5　　　**89.** 帅五平四　马2退4

90. 帅四平五　炮3平2　　　**91.** 相九退七　将5退1

这一段黑方调士象、动用将、遣马炮,大打蘑菇战,寻觅战机;红方小心翼翼,应对准确。

92. 仕五进六　士6退5　　　**93.** 仕六退五　将5平6

94. 仕五进四　士5退6　　　**95.** 仕四退五　士6退5

96. 仕五进四　士5进6

利用棋规,逼红变着。

97. 仕四退五　士6退5　　　**98.** 仕五进六　炮2进8

99. 炮四平三　象3退5　　　**100.** 炮三平七　……

红方应改走炮三平四,马4退3,炮四进一,马3进2,仕六退五,马2进3,帅五平四,炮2进1,相五进七,马3退4,帅四平五,红方严阵以待,黑方无法取胜。

100. ……　　　马4退3　　　**101.** 炮七进三　马3进5

102. 仕六退五　……

红方如改走仕六进五,炮2进1,相七进九,马5进3,红方丢相。

102. ……　　　炮2退4

103. 炮七平六　炮2平5(图85-2)

如图85-2,黑方炮镇中路,马踞要位,将控红方帅门,红炮被隔左侧不能照应帅门,局势已危。

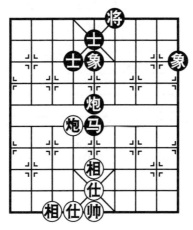

图85-2

104. 相五进三　象5进3

红方飞相无奈,如改走炮六退三,马5进6,帅五平四,炮5平6,马后炮杀,黑胜;黑方如改走象5退3,为以后退马留出位置,则可速胜,以下红炮六平七,炮5退2!炮七平六,象3进1(等着),炮六平八(其他走法都要丢相,例如走相七进九,则马5进7,仕五进四,马7进5,炮六平五,马5进3,抽吃红相),马5退3,相三退五,马3进4,炮八平六,炮5进3,黑胜。

105. 炮六退二 ……

最后的败着。红方应改走炮六退一,象3退1,炮六平二(若炮六平四?自塞相眼,则马5进3,帅五平四,炮5平3,红方丢相),士5退4,炮二进一,马5退3,相三退五,马3进4,炮二退三,红炮顺利转至右翼,将转危为安。

105. ……	马5进3	**106.** 相七进五	马3进2
107. 炮六退一	马2退4	**108.** 相三退一	马4退5
109. 仕五进六	炮5进3		

黑方破相,红方认负。

第86局 小卒逼宫 取胜有望

如图86-1,是"锦州杯"全国象棋团体赛第5轮邱东对崔岩弈完201回合时的残局形势。双方以仙人指路对卒底炮布阵对垒,鏖战214回合,共用6个多小时,创本次赛会之最。此时黑方多卒,取胜有望。请欣赏黑方入局片段:

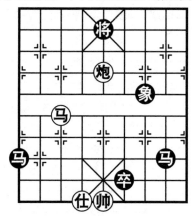

图86-1

202. 马七退八 马8退6

红方退马解杀;黑方退马调位,各有所图。

203. 炮五退三	将5退1	**204.** 马八进六	将5进1
205. 马六进五	将5平4	**206.** 马五退六	……

红如贪马走马五退四,则黑马1进3绝杀。

206.……　　　　将4退1　　**207.** 马六退八　　马1退2

208. 马八进七　　马2进1　　**209.** 马七退八　　马6退5

210. 炮五平六　　……

红方如误走仕六进五,则黑马5进3硬踩马、炮,炮五平七(如马八进七,则马1进3杀,黑胜),将4平5,马八进七,卒6平5,帅五平四,马1退3,黑方胜定。

210.……　　　　马1退2　　**211.** 炮六退二　　马2进3

212. 马八退七　　马3进5　　**213.** 炮六平八　　后马进4

214. 马七进六　　马5进7

黑胜。以下红只能仕六进五解杀,则黑卒6平5,帅五平六,马4退2,炮八进二,马7退5,炮八退二,马2进3,炮八平七,马5退3,红方欠行。

第87局　老兵建功　引将成杀

如图87-1,是"西乡引进杯"全国象棋个人赛第2阶段淘汰制第3轮之战,红方以边马开局与黑方战至第78回合的残局盘面。此时红方多双兵,虽说是例胜局面,但须小心黑方兑子等手段。轮红方走子:

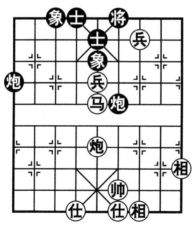

图 87-1

79. 兵五进一　　炮1退2

黑如改走象3进5,炮五进四,炮1退2,炮五平八,黑不敢吃兵,仍是红方胜势。

80. 兵五平四　　炮1平7　　**81.** 兵四平三　　炮7平6

82. 帅四平五　　后炮进2　　　**83.** 兵三进一　　后炮退1

84. 炮五平七　　后炮平5　　　**85.** 帅五平四　　炮5平6

86. 帅四平五　　后炮平5　　　**87.** 帅五平四　　象3进1

黑方变着无奈,否则违例。

88. 马五进七　　象1进3　　　**89.** 炮七平八　　炮5平2

90. 炮八进三　　将6平5　　　**91.** 帅四平五　　将5平6

92. 马七进六　　炮2退1　　　**93.** 炮八平六!　炮6平4

红方平炮攻士,黑方平炮攻马,都在红方预料之中,请看红方的后续手段。

94. 兵三进一!　将6平5

红老兵攻杀,巧妙!黑被逼进将,如将6进1,马六退五,将6进1(可见以上红炮八平六塞象眼之奥妙),马六退五,将6进1,马五退三,将6退1,马三进二,将6进1,炮六平一,马后炮绝杀,红胜。

95. 炮六平二　　象3退5　　　**96.** 炮二平五　　……

红平炮二路叫杀,黑落象解杀,红再镇中炮,更显老兵之威力。黑方落象应改炮4平5最为顽强,红若炮二进三,士5退6,马六退四叫将抽炮,黑有炮2进3打死马,变成和局,由此可见第95回合红炮六平二应先炮六平七叫杀,逼黑炮2平3挡炮,再炮七平二,则行棋次序更为精确。

96. ……　　　炮2进2　　　**97.** 马六退八　　炮2进2

98. 马八退七　　炮4退3　　　**99.** 马七退六　　炮2退1

100. 马六进五　　炮4进4　　　**101.** 马五进三　　炮4平5

102. 兵三平四

红方弃兵率先抢杀,黑方认负。以下黑将5平6,马三进二,将6进1,炮五平一成马后炮杀。此时红如误走马三进二,则黑炮2平5重炮叫将抽红中炮。

第88局　巧渡7卒　构成绝杀

如图88-1,是全国象棋团体赛王斌与许银川弈至第40回合时的残局形势,现轮黑方走子。此时黑方马炮兵种灵活,中卒通畅,略占优势,在互斗功底的较量中,且看黑方的运子技巧:

40. ……　　　炮4进3　　　**41.** 仕五进六　　炮4平8!

这两个回合黑进炮叫杀、分炮8路,着法精湛!下伏炮8退1打马暗保中卒,并准备渡河助战。

42. 相五退七　　卒5进1　　　**43.** 马四进六　　炮8平6

44. 仕四退五　　卒7进1

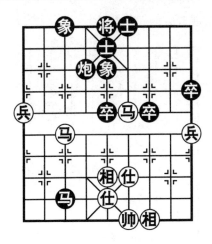

图 88 - 1

黑方弃中卒渡 7 卒,巧妙,胜局已定。

45. 马七进五　　卒 7 进 1　　**46.** 帅四进一　卒 7 平 6

47. 仕五进四　卒 6 进 1!　　**48.** 帅四平五　……

红方如改走帅四进一,则马 3 退 4,抽马,黑胜。

48. ……　　　卒 5 进 1　　**49.** 兵九平八　炮 6 平 2

50. 帅五平六　卒 6 进 1　　**51.** 仕六退五　……

红方落仕无奈,防黑炮 2 进 3,帅六退一,卒 6 进 1 的绝杀。

51. ……　　　卒 6 平 5

黑胜。

第四节　双马炮对双炮马的较量

在"实战残局重要性"一章里,曾阐述过无车残棋。本节介绍的是实战中最常出现的无车多子残局。进入 21 世纪,随着布局定式的日新月异,双方一开始就针锋相对,为避免失先,兑车是不可避免和司空见惯的,尤其是兑掉双车的中残局经常出现,要求进行残棋功底的较量。因此掌握无车残棋的战法更显重要,如何驾驭马炮棋、如何发挥兵卒的作用,已经成为当今棋坛的重要研究课题。

第89局　多象微优　力战取胜

如图 89 - 1 形势,是第 26 届"五羊杯"象棋冠军邀请赛中广东特级大师许银川与"新科状元"重庆特级大师洪智争夺冠军的第 2 局加赛快棋之战。双方以中炮巡河炮对三步虎列阵弈至第 34 回合时的形势,现轮黑方走子。此时双方子力

相等,红方仅缺一相,且看双方的残局纠斗:

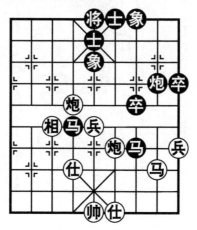

图 89 - 1

34. ……   马 7 退 8

黑方退马邀兑,可成马炮卒士象全对双炮兵单缺相的优势残局,但同时也使和局可能性增大。

35. 马二进一	卒 9 进 1	**36.** 马一进三	象 5 进 7
37. 炮六平二	炮 8 平 9	**38.** 炮二退一	马 4 退 5
39. 兵五进一	马 5 退 7	**40.** 炮四进三	炮 9 进 3
41. 炮二平三	象 7 退 9	**42.** 炮四平三	马 7 进 9
43. 后炮平五	将 5 平 4	**44.** 炮三退五	炮 9 平 4
45. 炮三平八	马 9 进 7	**46.** 炮五退一	马 7 进 6
47. 兵五平六	象 7 进 5	**48.** 仕四进五	象 9 退 7
49. 仕五进四	炮 4 平 2	**50.** 炮八平六	将 4 平 5

51. 仕六退五   ……

红方落六路仕通畅炮路,伺机炮六进二兑子成和;红方若改仕四退五,保留对黑方将门的一点控制,各有利弊。

51. ……	马 6 退 7	**52.** 兵六平五	马 7 进 5
53. 炮六进三	炮 2 平 4	**54.** 帅五平六	马 5 进 7
55. 相七退九	卒 9 进 1	**56.** 炮六平八	卒 9 平 8
57. 相九进七	卒 8 进 1	**58.** 帅六平五	马 7 退 8
59. 炮五退一	卒 8 平 7	**60.** 炮五平九	炮 4 平 1
61. 炮九平六	卒 7 平 6	**62.** 炮六进三	马 8 退 6

63. 炮六进一	炮1退1	**64.** 相七退九	马6进8
65. 炮六平五	马8进6	**66.** 炮八平五	炮1平4
67. 兵五平四	马6进8	**68.** 帅五平四	将5平4
69. 前炮平四	卒6平5	**70.** 炮五进二	炮4平9
71. 炮五平八	炮9进4	**72.** 炮八退五	将4平5
73. 相九进七	马8退9	**74.** 炮八进三	卒5平4
75. 帅四平五	马9进8	**76.** 炮八退三	炮9退4
77. 炮四平三	马8退6	**78.** 炮三退二	……

黑方有漏洞而红方没有发现,痛失良机,红方应改走炮八进三串打黑方马炮,谋得一子,反夺优势。

78. ……	马6退4	**79.** 炮三退三	马4退2
80. 相七退九	炮9进2	**81.** 炮三进一	

至此,红方超时判负。

第90局　黑炮逃命　代价昂贵

双方以对兵局开局,赛事同上局,是男子组第8轮的实战,弈完27回合时,如图90-1,已是残局形势。双方大子虽相等,但黑子力分散,红有沉底炮和过河兵,处攻势,占优。在较量无车棋的残局中,请看红方妙演小兵追杀黑炮的趣味一幕,着法如下:

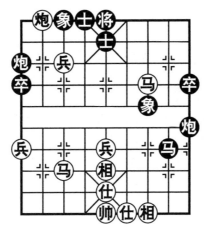

图 90 - 1

28. 兵七平八!	炮1退1	**29.** 炮八退一!	炮1退1
30. 兵八平九	炮1平2	**31.** 前兵进一	象3进5

红方小兵盯黑炮穷追不舍,黑炮惊惶逃命,真是精彩有趣!

32. 马七进六 ……

红方先上马是困炮的好手,如误走前兵进一,黑则炮2平3得以逃脱。

32. …… 马8退6 **33.** 马六进四 马6退4

黑方退马支援危境中的黑炮,必然之着。黑方如改走炮2平3,则炮八进一,马6退4,前兵平八,黑方救炮已来不及,败势已定。

34. 兵五进一 马4退2 **35.** 马四进六 士5进4

黑方如贪兵走马2退1,则红马六进七,将5平6,马三进二,将6进1,马七退五,黑方立溃。

36. 前兵进一 炮2平3 **37.** 马六进八 马2进4

38. 炮八平七 士4进5 **39.** 兵五进一 马4进3

40. 兵五进一 炮3平4 **41.** 炮七平六 炮9平2

42. 马三退五 马3退2 **43.** 马八退六 马2进4

黑方如改走马2退4,则红兵五平六,黑炮仍难摆脱困境。

44. 前兵平八 ……

红方继续贯彻驱兵捉死炮的战略。

44. …… 将5平6 **45.** 兵八平七 炮4平5

46. 马五进三! 士5退4 **47.** 兵五进一 ……

黑炮为逃命已付出昂贵代价,红方老兵已完成使命,现中兵拱象,发起总攻。

47. …… 象7退5 **48.** 炮六平一! 炮5平3

49. 马三进二

黑方认负,红炮与双马完成精彩绝杀。

第91局 心理过硬 惊天逆转

双方以五七炮双直车对左炮封车右单提马列阵对垒,这是"伊泰杯"全国象棋个人赛决赛第4轮快棋赛之战。如图91-1已是弈完34回合时黑方大优的残局盘面。由于时限紧张,黑方未能积极进取,请欣赏红方以过硬的心理素质和精湛的残局功底上演的惊天大逆转。轮红走子:

35. 炮六平九 炮3平1 **36.** 炮九平八 炮1退3

37. 炮八进四 马1进3 **38.** 兵一进一 炮1进1

黑方进边炮准备平中照将后,曲线回防,难以遂愿,不如改走炮1平2,伺机炮"归家"为宜。

39. 炮八退四 炮1退1 **40.** 炮八平五 马3进5

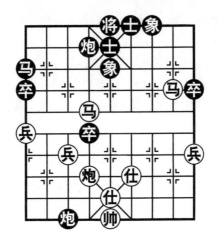

图 91-1

41. 马六进七　炮1平2　　**42.** 炮五平六　炮3平4

43. 炮六平九　炮2退3　　**44.** 炮九进四　马5进4

45. 马七退六　炮2平3

黑方应改走炮2平5,帅五平四,士5进4,下伏炮3平6照将,较为积极。

46. 马二退四　马4进3　　**47.** 帅五平四　后炮进5

黑方打兵丢卒得不偿失,应改走马3退5保卒,攻守兼备,局面仍然占优。

48. 马四退六　后炮进2　　**49.** 后马退四　……

红方解杀还捉,抢先之着!

49. ……　　　　前炮平2　　**50.** 炮九平五　炮3退4

51. 马六进八　炮3平4　　**52.** 兵九进一　炮2平5

53. 兵九进一　炮5退1　　**54.** 马八退六　马3退4

55. 兵九平八　炮5平6　　**56.** 炮五退二　炮6退3

黑方错失良机!应改走马4进5,则马六退四,马5退6,马四进五(如马四进三,马6退7捉双,黑胜势),炮4进3,马五进三,马6退7,炮五退三,马7进9,马三退一,红方虽多一兵但只有孤仕防御,黑方较好,不敢说必胜,但肯定输不了。

57. 兵八平七　炮6平9

黑方仍应改走马4进5踏仕,则红炮五退二,马5退3,帅四平五,马3退4,炮五进二,炮6平9,马四进三,将5平4,马三进一,炮9进3,黑棋好走。

58. 马四进三　马4退5　　**59.** 马三退四　马5退7

60. 马六进四　炮9进3　　**61.** 兵七进一　将5平4

62. 后马进五　炮9平6　**63.** 帅四平五　炮6退1

64. 兵七进一　……

红方小边兵一步一步逼近九宫,双马炮兵临城下,黑方将府危在旦夕。

64. ……　炮4进2　**65.** 马五进七　士5进4

66. 马四进六　炮6平5　**67.** 兵七平六　炮4退2

黑方超时判负。

第 92 局　四面楚歌　难以防守

双方以顺炮横车对直车开局,这是第6届"嘉周杯"象棋特级大师冠军赛女子组的实战。如图92-1已是弈至第22回合时进入残局的形势,轮黑走棋。此时黑方多卒、红方子力占位好,总的来说,红方占有优势。因双方都没有车,故需进一步较量残局功夫:

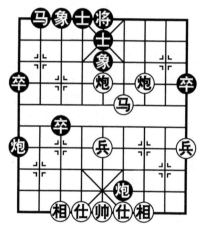

图 92-1

22. ……　马2进3　**23.** 炮五平一　炮1平9

24. 炮一进三　士5进4　**25.** 兵五进一　炮6退3

26. 炮三平二　马3进2　**27.** 马四进三　炮6退3

28. 炮二进三　将5进1　**29.** 炮一退二　将5平6

30. 炮一退三　马2退4　**31.** 炮二退五　……

这一段双方攻守俱紧,现红退炮坚守河沿一线,是正确的选择,体现出很强的控局能力。红方如果贸然进中兵,黑则马4进5,有较多的反击机会,红方局面失控,不划算。

31. ……　象5进7　**32.** 兵五进一　炮9平7

33. 马三退一　炮6平5　　**34.** 仕六进五　马4退6

35. 兵五进一　炮5退2　　**36.** 相七进五　……

红若炮一平七吃卒,则黑炮7平5,相七进五,马6进5。黑顺势调整子力,红方不愿接受。

36. ……　　　卒3进1

由于黑棋子力和将的位置太差,一时难以调整,故冲卒一搏,寻觅机会。

37. 炮二平四　马6进8　　**38.** 炮一退二　炮5平7

39. 马一退二　将6平5　　**40.** 炮四平五　将5平4

41. 马二退四　士4退5　　**42.** 马四进六　……

红不吃象而进马,直奔"侧面虎"取势,上策。红方若走马四进三,则黑前炮平5,马三进二,马8进7! 黑方反败为胜。可见上一手黑方落士露将暗藏杀机。因此,临枰者切不可掉以轻心,需三思而后行。

42. ……　　　前炮平5　　**43.** 马六进七　将4进1

44. 兵五平六　将4平5　　**45.** 帅五平六　将5平6

46. 炮一平四　……

至此,黑方四面楚歌,已经难以防守了。

46. ……　　　炮7平6　　**47.** 炮五平四　炮5平6

48. 马七退六! 将6平5　　**49.** 马六进四!

红方弃马叫将,精妙! 黑方无论马8进6或前炮退2去吃红马,红方均为兵六平五绝杀而胜;又如黑走后炮进3,红兵六平五,将5平6,兵五平四,将6退1(若将6平5,兵四平五胜),兵四平三,士5进6,马四进六,士6退5,兵三平二,红多两子亦胜定。

因此,黑方认负。

第93局　将拴红马　败局已定

如图93-1,是第26届"五羊杯"象棋冠军邀请赛中的一盘残局形势,双方以中炮横车七路马对屏风马列阵弈完50个回合时的形势。观枰面,黑虽缺士且老将不安于位,但炮镇中路、马窥挂角要杀,并多一卒,局面不错;红方双炮马兵的位置亦佳,对黑方构成一定的牵制与威胁;双方形势犬牙交错,鹿死谁手,须较量残局功夫,现轮红方走子:

51. 兵四进一　将6平5

红方趁势兵入九宫,妙! 黑方若将6进1吃兵,则马七退六叫将抽吃得子,红胜定。

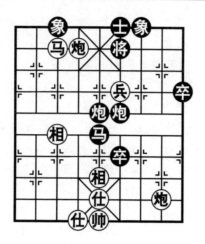

图 93 - 1

52. 炮六退七 炮5退1	53. 马七退八 卒6进1
54. 马八进九 将5退1	55. 马九退七 炮5平6
56. 炮二进二 前炮平5	

黑平中炮寻求对攻。黑方如改走前炮退2去兵,则红炮二平五叫将,局面立趋简化。

| 57. 兵四进一 卒6平5 | 58. 炮二平四 马5进6 |

黑方进马叫将,随手!致使恶马与红炮交换,造成兵种不全。黑方应改走炮6平2解杀还杀最为紧凑有力,红如接走仕五进六,则卒5平4,帅五平四,卒4进1,炮四平五,炮2平6,黑方大占优势,以下红若炮五进二吃炮得回失子,则马5进6,炮五平四,马6进8双将,黑速胜。

59. 帅五平四 马6进8	60. 帅四平五 马8退6
61. 帅五平四 炮5平6	62. 仕五进四 卒5平6
63. 兵四进一 前炮退4	64. 仕六进五 后炮进6
65. 帅四平五 前炮平4	66. 炮六平八 卒6平5
67. 马七退五 炮6退1	68. 炮八进八 象3进1
69. 炮八平三 卒9进1	70. 炮三退六 炮6进2
71. 炮三平五 炮6平5	72. 仕五退六 将5平6
73. 马五进三 将6进1	74. 马三退二 卒9进1
75. 马二退四 炮5进1	76. 帅五平四 卒9平8

以上一段,双方攻守俱紧,红马左右盘旋调位回防;黑方边卒渡河助攻,步步紧逼,残局较量达到白热化。

77. 炮五平四	将 6 平 5	**78.** 炮四平一	将 5 平 6
79. 炮一平四	将 6 平 5	**80.** 炮四平一	将 5 平 6
81. 炮一平四	将 6 平 5	**82.** 马四进五	……

红方"一将一捉",按规则,必须变着。

82. ……	卒 8 平 7	**83.** 炮四平五	卒 7 进 1
84. 马五退三	炮 5 平 6	**85.** 帅四平五	炮 6 退 1
86. 仕六进五	将 5 进 1	**87.** 炮五进三	象 1 退 3
88. 马三退一	卒 7 平 6	**89.** 马一退二	卒 6 平 7
90. 马二进三	炮 6 进 1	**91.** 马三进四	炮 6 退 1
92. 马四退二	卒 7 平 6	**93.** 马二退四	卒 5 进 1

黑卒换仕,只好如此。黑方如改走卒 6 平 5,则红炮五退四,卒 5 进 1,马四退六,和棋已定。

94. 帅五进一	炮 4 退 6	**95.** 马四进六	将 5 平 4
96. 马六进七	炮 4 平 5	**97.** 炮五平六	炮 6 平 3
98. 马七退六	象 3 进 5	**99.** 帅五平六	将 4 退 1
100. 帅六退一	炮 3 退 4(图 93 - 2)		
101. 帅六进一	……		

如图 93 - 2 形势,红方以为和棋已定,忽略了黑方炮 3 平 4 兑炮的巧手,应改走相七退五,使黑方难有作为。

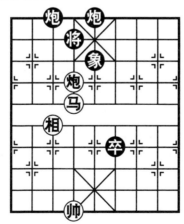

图 93 - 2

101. ……	炮 3 平 4	**102.** 炮六进三	将 4 退 1
103. 相七退五	象 5 进 3	**104.** 相五退三	卒 6 平 5

黑方炮、卒控制中路,老将拴链红马难以脱身,红方败局已定。

105. 相三进一　将 4 进 1　　**106.** 相一进三　炮 5 平 4

黑方谋得红马获胜。

第 94 局　炮插花心　两翼张开

如图 94-1,是第 1 届全国体育大会象棋女子组比赛双方战至第 47 回合的残局形势,现轮黑方走子。此时红方槽马肋炮攻势不可小觑,实战中黑方妙插花心炮,左右夹攻,抢先获胜。

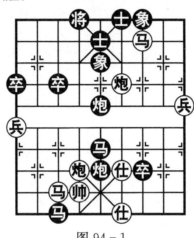

图 94-1

47. ……　　　前炮进 1!　　**48.** 帅六退一　前炮平 7

49. 马三退二　炮 5 平 2

红方如不逃马而改走炮四平六,则炮 5 平 4 反将,黑方得子胜定;现黑平炮叫杀,紧凑有力。

50. 炮四平六　将 4 平 5　　**51.** 后炮平五　炮 2 进 5

红方平炮解杀,如改走马七进八,则马 5 退 3 踩双得子。

52. 帅六进一　卒 7 平 6　　**53.** 炮六平五　卒 6 进 1!

以下:仕四进五,卒 6 平 5,帅六进一,马 5 退 3 杀,黑胜。

第 95 局　贪攻出漏　结果黑胜

如图 95-1,是第 4 届全国农民运动会象棋比赛第 8 轮苗利明与王斌以飞相局对士角炮布局战至残局的形势,现轮红方走子。此时枰面红方多一兵占有微小优势,形势也不错,但红方贪攻出漏,对弈结果却是黑胜。着法如下:

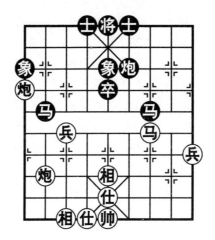

图 95－1

1. 炮八进二　士6进5　　**2.** 炮九平八　士5进4

3. 兵一进一　士4进5　　**4.** 兵一进一　炮6平7

5. 马三退二　炮7平8　　**6.** 马二进三　炮8平7

7. 马三退二　炮7平8　　**8.** 相五进三　……

红方多兵稍好,当然不愿作和,主动变着。

8. ……　　　　炮8进3!　**9.** 相七进五　马2进4

黑方伸炮窥兵,以后护马过河,同时亦暗伏马4进5偷吃红方中相。

10. 前炮进一　象5退7　　**11.** 前炮平七　……

红方平炮失算,欲沉底炮叫杀贪攻得黑左象,致使己方中相被砍。红方此时应走兵一平二逼退黑方左马。另外如想上风和棋,当可以炮换马。

11. ……　　　　马4进5　**12.** 炮八进五　……

红应改走相三退五吃马兑子,尚无大碍。

12. ……　　　　马5进7　**13.** 帅五平四　士5退6!

14. 炮八退八　前马退8　**15.** 马二进四　炮8平3

黑方破相以后又捞红兵,占尽便宜。

16. 马四退六　炮3平6　　**17.** 兵一平二　马7进5

18. 帅四平五　马5进4!　**19.** 仕五进六　马8进6

20. 帅五进一　马6退7

以上黑仕马后炮杀势,进马咬马、兑马,现又得红相,黑方优势扩大。

21. 兵二平三　炮6退4　　**22.** 炮八进八　炮6平3

23. 兵三平四　炮3平5　　**24.** 帅五平四　马7进5

25. 帅四退一	马 5 进 7	**26.** 帅四进一	炮 5 平 6
27. 兵四平三	马 7 退 8	**28.** 炮七进二	将 5 进 1
29. 炮七平三	马 8 进 6	**30.** 兵三平四	马 6 进 4
31. 帅四平五	马 4 退 6	**32.** 帅五平六	炮 6 平 7
33. 炮八退六	马 6 退 8	**34.** 兵四进一	卒 5 进 1
35. 炮八平一	卒 5 进 1	**36.** 兵四进一	炮 7 进 2
37. 仕六进五	炮 7 平 4	**38.** 帅六退一	马 8 进 6
39. 炮三退一	马 6 进 4	**40.** 炮一平六	卒 5 进 1

黑方冲卒强行兑子,算准胜券在握,否则黑方续走卒 5 进 1 逼宫拱仕,红方亦难应付。

41. 仕五进六	卒 5 平 4	**42.** 帅六进一	炮 4 进 4
43. 炮三退八	……		

红方如改走兵四平五,则将 5 平 6(黑若吃兵则红有炮三平六击双手段,立成和棋),炮三退八,象 1 进 3,黑亦胜定。

43. ……	炮 4 平 2	**44.** 炮三平六	卒 4 平 3
45. 炮六进七	炮 2 退 7	**46.** 炮六平五	卒 3 平 4

黑胜。

第 96 局　配合默契　花心采蜜

如图 96 - 1,是 2000 年 11 月 4 日"翔龙杯"象棋南北元老对抗赛杨官璘与王嘉良以列手炮布局弈完 43 回合时的局面,现轮红方走子。此时双方大子均等,黑方缺双士,红方占优。且看两位特级大师的残局较量。

44. 帅五平六	马 6 退 8	**45.** 兵一平二	马 8 退 6
46. 马六进八	马 6 进 7	**47.** 仕六进五	炮 6 进 3
48. 仕五进四	炮 6 平 4	**49.** 帅六平五	马 7 退 6
50. 马八进九	马 6 退 4	**51.** 帅五退一	马 5 进 6
52. 仕六退五	……		

继 50 回合后红马进边隅要杀,逼黑马回防,再退帅归位,落仕互联,攻不忘守,残棋功夫老到。

52. ……	炮 4 平 5	**53.** 帅五平六	炮 5 平 4
54. 帅六平五	炮 4 进 1		

黑方一将一要杀,所以进炮变着。

55. 兵二平三	炮 4 平 1	**56.** 炮一进一	将 4 进 1

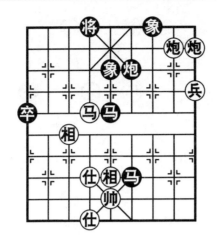

图 96－1

57. 马九进七　炮1平3	**58.** 马七退八　马4退3
59. 炮一退一　将4退1	**60.** 兵三进一　象5进7
61. 兵三进一　象7进5	**62.** 兵三平四　马6退5
63. 炮二进一　马5退7	**64.** 兵四平五！

以上红方子力配合默契,现红兵强行花心采蜜,不管黑马是否吃中兵,都是重炮叫将、红胜。

第97局　卒冲七步　精妙擒王

如图 97－1,是全国象棋团体赛第 4 轮河北刘殿中对厦门郑一泓弈至第 37 回合时的局势,现轮黑方走子。此时双方子力相等,且各攻一侧,黑方边卒过河,略占优势。且看黑方如何凭借深厚的残局功夫取胜。

37.……　　　　马6进7	**38.** 仕四退五　后马退5
39. 马六退五　卒5进1	

红方回马兑马是劣着,导致形势急转直下。红方应改走炮八平五,马5进7,炮五平六,将4平5,炮六退二,红可抗衡。

40. 兵三进一　象7进9	

黑方飞象驱兵,瓦解其作用于阵前,妙!

41. 兵三进一　炮6进1	**42.** 炮八退二　卒5平6
43. 仕五进四　卒6进1	**44.** 炮八平四　炮6进3
45. 炮四平九　炮6平8	**46.** 马八进六　炮8进2
47. 帅四进一　卒1进1	**48.** 兵一进一　卒1进1

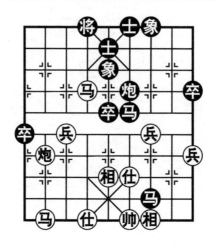

图 97－1

49. 炮九平七　卒1平2　　**50.** 仕六进五　卒2进1
51. 炮七进一　卒2平3　　**52.** 马六进七　卒3平4
53. 仕五进四　卒4进1!

黑方过河卒犹入无人之境,竟连冲七步,力擒敌王,堪称精妙之至。以下红方难防黑炮8退1,帅四退一,卒4平5的绝杀。

第98局　拦炮叫杀　一锤定音

如图98－1,是"巨丰杯"第3届全国象棋大师冠军赛第5轮张强与洪智弈完70回合时的残局形势,现轮红方走子。此时红方双炮马对黑方双马炮,黑方仅多一卒,胜望较大。且看黑方的攻法:

71. 炮四进三　士5进6

黑方扬士调整位置,防患于未然。

72. 炮四平三　士4退5

黑方落士必然,否则红马三进四,形成绝杀。

73. 马三进一　马4进5　　**74.** 炮三平七　将5平4
75. 马一退二　卒9平8　　**76.** 炮八进三　马7进9
77. 马二进三　……

黑马入边隅邀兑,红方自然不能接受,否则将形成"双炮兵对马炮双卒",黑可稳操胜券。

　　77. ……　　　　马9进8　　**78.** 炮七进三　将4进1
　　79. 马三退二　马8退6　　**80.** 炮七平三　象5进7

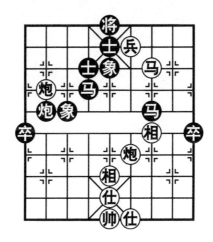

图 98－1

81. 相三退一　卒8平7！

黑方利用象、卒拦炮叫杀，走得巧妙！

82. 仕五进四　马5进6　　**83.** 帅五进一　前马退8

84. 帅五平四　炮2进1！　　**85.** 相五进七　炮2退2

86. 炮三退五　炮2平6　　**87.** 马二退四　马6进4

88. 帅四平五　马3进4

至此，形成连杀，黑胜。

第五节　炮兵(卒)与马兵(卒)类残局的较量

实战中炮兵或马兵在一般情况下取胜难度较大，但亦有马兵(卒)珠联璧合、"残棋炮归家"构成精妙入局的。总之，需视具体局势和残棋功力而定。

第 99 局　黑马垫将　葬送和局

如图 99－1，是"启新高尔夫杯"全国象棋甲级联赛第 7 轮之战，双方以仙人指路对卒底炮列阵交手至第 59 回合时的残局形势，轮到红方走。这是炮双兵双仕对马卒双士的盘面，红能否取胜？首先看会不会马兑炮成和势，然后看红方的攻法是否成功。着法如下：

60. 炮六平五　马4退3　　**61.** 兵五进一　士6退5

62. 炮五进四　士5进6

黑以舍士为代价，用卒换兵，并驱红兵出九宫，应有所值。

63. 兵六平七　马3退1　　**64.** 兵七平八　马1进3

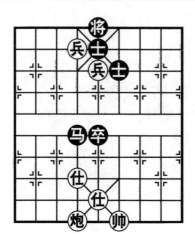

图 99 - 1

65. 兵八平七　将5进1　　**66.** 仕五退六　马3退1

67. 兵七平八　马1进2　　**68.** 炮五退四　将5进1

黑方将和马运至最佳防守位置,和局有望。

69. 帅四进一　马2进3　　**70.** 仕六进五　将5平4

71. 炮五平四　士6退5

棋行至此,与图 99 - 2 何其相似,这是 20 世纪 80 年代初期全国象棋团体赛中河北程福臣巧和徐俊的残局。至此应该说和棋已成定局,但此战结果却不同,请继续往下看:

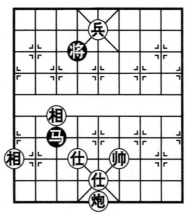

图 99 - 2

72. 炮四平六　马3进4?

黑马垫将是最后的败着,读者由图 99－2 可一目了然。

73. 兵八平七　士 5 退 6　　**74.** 帅四进一

红胜。黑看到以下:将 4 平 5,则炮六平五,将 5 平 4,帅四平五,马 4 退 2,炮五平六,马 2 进 4,仕五进四,士 6 进 5,帅五退一捉死黑马胜。

第100局　撑仕败着　危如累卵

如图 100－1,是"启新高尔夫杯"全国象棋甲级联赛第 15 轮代表女子顶尖棋手与男子超一流棋手的对局,双方以五七炮进三兵对屏风马挺 3 卒列阵交手至第 70 回合的残局形势,轮到红方走。此时炮双仕对炮卒单缺士,红炮位置较好,兑炮就成和局,黑方能否取胜?请看实战:

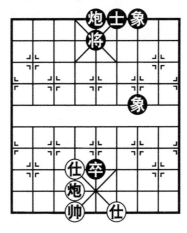

图 100－1

71. 仕四进五　……

红方撑仕弊端有三:①致使黑卒牵制双仕;②六路线有遭受黑炮威胁之嫌;③帅路不畅。实战证明,此手是败着。红方应改走仕六退五才是正着,以下黑有三种攻法:

(1)炮 5 平 4,仕五进六,炮 4 进 8,帅六进一,将 5 平 4,仕四进五,将 4 进 1,仕五退四,卒 5 平 4,帅六平五,将 4 退 1,帅五平四,将 4 平 5,仕四进五,卒 4 平 5,仕五退六,将 5 退 1,帅四退一,卒 5 平 6,仕六进五,卒 6 平 5,仕五退六,正和。

(2)将 5 进 1,炮六平九(如误走炮六进三,则炮 5 平 4,帅六平五,卒 5 平 4,炮六平二,炮 4 进 1,炮二退三,卒 4 进 1,炮二平三,炮 4 进 8,炮三平二,炮 8 进 6,炮二退一,炮 8 进 1,红困毙),炮 5 平 4,帅六进一,士 6 进 5,炮九进六,将 5 平 6,炮九平七,将 6 退 1,帅六退一,卒 5 平 4,帅六平五,卒 4 进 1,仕五进六,士 5

进 4,仕四进五,炮 4 平 5,仕五进四,炮 5 平 6,仕四退五,将 6 平 5,炮七退三,黑方无法取胜。

(3)将 5 进 1,炮六平九,炮 5 平 4,帅六进一,士 6 进 5,炮九进六,将 5 平 6,炮九平七,将 6 退 1,帅六退一,士 5 进 4,帅六平五,将 6 平 5,仕五退六,炮 4 平 5,炮七退三,将 5 平 6,仕六进五,士 4 退 5,帅五平六,黑方难胜。

71.…… 　　　炮 5 平 3　　**72. 炮六平八**　将 5 进 1

73. 炮八平七　士 6 进 5　　**74. 炮七平八**　炮 3 平 4

75. 炮八平六　士 5 进 4!

黑支士避兑炮,好手! 令红危如累卵。

76. 炮六进六　……

红方如改走帅六平五,卒 5 进 1(切莫随手走卒 5 平 4,红则炮六进六轰士,巧和),仕六退五,炮 4 进 8 得炮,黑亦胜。

76.…… 　　　卒 5 进 1

至此,黑炮可压缩红炮活动空间,致使红方欠行而负。

第 101 局　献卒催杀　精妙至极

如图 101-1,是"巨丰杯"第 3 届全国象棋大师冠军赛第 2 轮阎文清对潘振波弈至第 51 回合的残局形势,现轮黑方走子。此时黑方炮 3 卒单象对红方炮兵仕相全已成胜势,且看黑方入局途径:

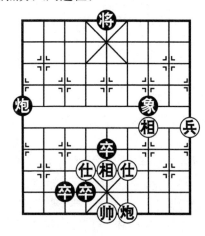

图 101-1

51.…… 　　　将 5 平 4

黑方出将,良好的等着! 黑方如改走炮 1 平 5,则仕六退五,黑方一时难以入局。

52. 仕六退五　卒 3 进 1!

黑方献卒催杀精妙之极,引炮入局,算度准确。

53. 炮四平七　炮 1 进 5　　**54.** 仕五退六　卒 5 平 6

55. 仕四退五　卒 6 平 7　　**56.** 仕五进六　卒 7 进 1

黑卒迂回直下,快速逼宫;二鬼拍门之势不可阻挡,黑方的弃子吸引和运子做杀战术运用得淋漓尽致,精湛的残局攻杀技巧跃然枰上。

57. 帅五平四　卒 7 平 6

黑胜。以下只需将移 6 路助攻,即成绝杀。

第 102 局　错失和机　惨遭败局

如图 102-1,这是"交通建设杯"全国象棋大师冠军赛冠亚军之战,双方以五七炮不挺兵对屏风马进 7 卒列阵弈至第 45 回合时的残局形势,轮红方走子。此时红方缺仕少相,其他子力相等,结果会怎样? 红方只有以炮兑马可和,且看双方残棋的较量:

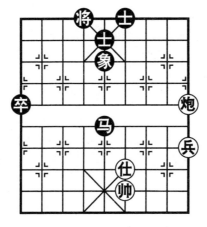

图 102-1

46. 炮一平六　　······

红方平炮占肋,只能如此。若动帅则仕被吃;若进边兵,黑马 5 进 7 抓死兵。

46. ······　　马 5 进 7　　**47.** 帅四退一　马 7 进 8

48. 帅四进一　马 8 退 9

黑马擒得边兵,演成马高卒定胜炮仕的残棋,黑已胜券在握。

49. 仕四退五　马 9 进 7　　**50.** 炮六退五　卒 1 进 1

51. 炮六平五	卒 1 平 2	**52.** 帅四进一	卒 2 进 1
53. 帅四退一	卒 2 平 3	**54.** 帅四进一	象 5 退 7
55. 帅四退一	将 4 进 1	**56.** 炮五平六	士 5 退 4
57. 炮六平五	卒 3 平 4	**58.** 帅四进一	马 7 退 9
59. 帅四退一	马 9 进 8	**60.** 炮五平六	将 4 平 5
61. 炮六平五	象 7 进 5	**62.** 仕五退六	将 5 平 4
63. 仕六进五	士 4 进 5	**64.** 炮五平六	卒 4 平 5
65. 炮六平五	马 8 退 7	**66.** 帅四进一	……

红如改走帅四退一,则卒 5 进 1,仕五退六,象 5 退 7,黑方速胜。

66. ……	卒 5 平 6	**67.** 帅四平五	马 7 进 9
68. 仕五退六	马 9 进 7	**69.** 帅五退一	马 7 进 5

黑方以马兑炮,不如改走卒 6 进 1,更易取胜。

70. 帅五退一	卒 6 进 1	**71.** 仕六进五?	……

红方错失和机!应改走帅五平四,士 5 退 4,仕六进五,卒 6 平 5,帅四进一,将 4 平 5,仕五退六,象 5 退 7,帅四退一,和棋。

71. ……	卒 6 进 1

黑方形成"将右卒左"的必胜之势,红方认负。红方如接走仕五进四,则象 5 退 7,仕四退五,士 5 进 6,仕五进四,将 4 进 1,仕四退五,将 6 平 5,黑胜。

第 103 局　实用残局　技巧取胜

如图 103-1,是"七斗星杯"全国象棋甲级联赛第 4 轮双方弈至第 55 回合时的局面,此时续弈会形成红马兵单缺仕对黑高卒双士的局势,这是一个红方例胜的实用残局,即使黑高卒能挡红帅也无用。请看特级大师孙勇征的取胜技巧。轮黑走棋:

55. ……	士 6 进 5	**56.** 兵九进一	卒 8 平 7
57. 马七进五	将 4 平 5	**58.** 相三退五	卒 7 平 8
59. 相五退七	卒 8 平 7	**60.** 马五退六	士 5 退 4
61. 马六进七	士 4 进 5	**62.** 马七进九	……

至此,演成红方马兵单缺仕对黑双士高卒的典型局例,理论上认为红必胜,即使黑高卒能挡红帅也无用。请继续往下看。

62. ……	卒 7 平 6	**63.** 马九退八	士 5 进 4
64. 兵九进一	卒 6 平 7	**65.** 兵九平八	士 4 退 5
66. 帅四平五	将 5 平 4	**67.** 马八退六	将 4 进 1

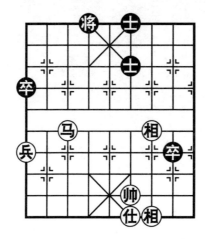

图 103 - 1

68. 马六进五　将4退1　　**69.** 兵八平七　将4进1

70. 兵七进一　将4退1　　**71.** 兵七进一　将4进1

72. 兵七进一　将4退1　　**73.** 马五进七　将4平5

74. 兵七平六　……

红马的运行路线使红兵顺利控制黑方肋道将门,是取胜的前奏。

74. ……　　　　卒7平8　　**75.** 马七退六　卒8平7

76. 马六进四　卒7进1

黑如改走卒7平6保持高卒态势,则红相三进一等一手,将5平6,马四进三如图103-2。黑有两种应法,试演如下:①将6进1,马三退一,将6退1,马一进二,将6进1,帅五平四,士5退4,相一退三,士4进5,马二退三,将6退1,马三退五,得卒或得士胜;②将6平5,相一退三,卒6平5,马三退一,将5平6,马一进二,将6进1,帅五平四,士5退4,马二退三,将6退1,马三进五抽士胜。

77. 马四进三!　卒7平6　　**78.** 相三进一　卒6平7

79. 马三退一　将5平6　　**80.** 马一进二　将6进1

81. 帅五平四　士5退4　　**82.** 马二退三　将6退1

83. 马三进五

红马叫将抽吃士,黑认输。

第六节　马炮对马或炮的较量

马炮有士象(相)对单马士象(相)全,理论上可胜;对单炮士象(相)全,理论上可以成和。以下介绍的是实战中的巧胜战例。

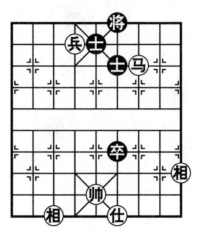

图 103－2

第 104 局　进炮随手　铸成大错

双方以仙人指路对卒底炮开局,是"伊泰杯"全国象棋个人赛决赛第 1 轮之战。如图 104－1 已是弈完 65 回合的残局形势,轮红方走。此时黑马炮士象全对红单炮仕相全,理论上认为可以成和,但守方出错,攻方就会巧胜。

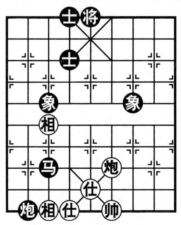

图 104－1

66. 相七退五　马 3 退 5

黑方如误走马 3 进 5 吃仕,则红帅四进一,捉死黑马,立即成和。

67. 帅四平五　马 5 退 4　　**68.** 帅五平四　马 4 进 6

69. 炮四进一　……

红方可改走相五进七,马6进4,炮四退一,将5平6(若马4进5吃仕,则帅四平五,和定),帅四平五,黑无机可乘。

69. ……　　　马6进4　　**70.** 炮四退一　将5平6

71. 帅四进一　……

红方上一步帅无奈之举。其他走法不丢仕则丢相。

71. ……　　　将6进1　　**72.** 相五进三　士4进5

73. 相三退五　……

至此红方各子被控,红帅定位在高处,大大增加了守和的难度。

73. ……　将6进1　　**74.** 炮四进一　……

红方进炮随手,铸成大错。仍应改走相五进三,炮2退9,帅四退一!炮2平6,帅四平五,马4进3(如将6平5,则炮四退一,黑方无棋),帅五平四,红无大碍。

74. ……　　　炮2退9　　**75.** 仕五进四　……

红方此时再走帅四退一为时已晚,黑炮2平6,炮四退一,将6平5,黑方速胜。

75. ……　　　炮2进8!

黑方好棋!点中红方死穴!

76. 帅四退一　炮2进1　　**77.** 炮四进三　炮2平4

红方认负。

第105局　红马篡位　倒踏黑士

如图105-1,是"锦州杯"全国象棋团体赛第6轮之战,双方以中炮横车七路马对屏风马右象布阵对垒,现弈完91回合进入残局阶段,轮红方走子。此时红马炮单缺仕对黑单马士象全,理论上认为红方可以取胜。

92. 炮八退四　士5进6　　**93.** 炮八平四　象5退3

94. 马三进五　……

红马篡位倒踏黑士,精彩之着。

94. ……　　　士4退5　　**95.** 马五退七　士5退4

黑方如改走士5进4,马七退八,士4退5,仕四退五,将6平5,仕五进六,马7退5,马八进七,马5退4,炮四平九,红胜。

96. 马七退六　象3进5　　**97.** 仕四退五　将6平5

98. 马六进七　将5进1　　**99.** 炮四进四　象5退3

黑方飞象阻炮。黑方如改走象5退3,炮四平九,将5平6,炮九平七,黑方

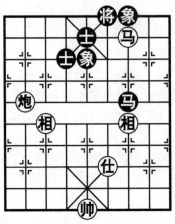

图 105 - 1

丢象。

100. 帅五平六　象7进5　**101.** 帅六进一　象5退3

102. 炮四退五

黑方丢士,无法守和,认负。